»Die Ehrlichkeit und der Mut, sich den Direktiven und Regulativen der eigenen Träume auszusetzen, sind ein wichtiges Medikament zur Stärkung des Immunsystems der Freiheit. Ein entscheidender Unterschied zeigt sich unzweifelhaft daran, wie jemand mit seinen Träumen verfährt: Benutzt er sie zum Einschlafen oder zum Aufwachen? Das offenbart, wer er ist: ein Banause oder ein Künstler. Träumt er einzig des Nachts, oder rettet er seine Träume in den Alltag hinüber, um die Schatten des Mittags aufzuhellen – das offenbart das Maß seiner Menschlichkeit und seiner Frömmigkeit.«

Eugen Drewermann

Der Herausgeber Hans Christian Meiser, Jg. 1957, Studium der Philosophie und Promotion, freier Schriftsteller und Übersetzer, Herausgeber der Reihen »Ausgewählte Texte« und »LeseLust« (bei Goldmann), schrieb Opernlibretti und das dokumentarische Theaterstück »Zum Beispiel Dachau«. Entwickelte TV-Projekte. Besucht auf journalistischen Reisen ungewöhnliche Menschen und Orte in aller Welt. Zu seinen Büchern gehören »Lebensabschnittspartner« (Krüger, Frankfurt/M. 1991), »Der verlassene Mann« (Krüger, Frankfurt/M. 1993) und zusammen mit Michael Görden »Madonna trifft Herkules« (Krüger, Frankfurt/M.) sowie eine Vielzahl von Herausgaben. Für den BR drehte er als Autor/Regisseur das Feature »Leben ohne Grenzen«. Zudem moderiert er die Radio Bremen-Sendung »Menschen-Kunde« auf Nord III.

MENSCHEN-KUNDE

Träume

Deutung und Bedeutung

Herausgegeben von
Hans Christian Meiser

Mit einem Essay
von Eugen Drewermann

Fischer Taschenbuch Verlag

Originalausgabe
Veröffentlicht im Fischer Taschenbuch Verlag GmbH,
Frankfurt am Main, April 1996

Gesamtherstellung: Clausen & Bosse, Leck
Printed in Germany
ISBN 3-596-12691-6

Gedruckt auf chlor- und säurefreiem Papier

Inhalt

Einführung

»Träume sind Schäume« besagt ein altes Sprichwort; und wenn man von einem »Träumer« spricht, so meint man meist einen Menschen, der der Realität nicht ganz gewachsen ist. Diese abendländische Traum-Auffassung steht im krassen Widerspruch zu der Traum-Erfahrung anderer, wesentlich älterer Kulturen. Für die australischen Ureinwohner, die Aborigines – immerhin die älteste Kultur der Welt –, stellt die »Traumzeit« eine andere Wirklichkeit dar, in der sie mit der Natur ihres Landes, mit Bergen, Steinen und Tieren kommunizieren können, ja sogar mit ihren Ahnen. Zwischen Erträumtem und im Wachzustand Erlebtem gibt es keinen Unterschied.

Historisch betrachtet war für die Aborigines alles Traumzeit – bis zur Ankunft der Weißen im Jahr 1788 und von der von ihnen eingeführten materialistischen Weltsicht. Die Ureinwohner des »Grünen Kontinents« hatten sogar ein Instrument erfunden, das den Zugang zur Traumzeit erlaubte: Das Dijeridoo, ein von Termiten ausgehöhlter Eukalyptus-Ast, wirkt wie ein akustischer Schlüssel zum Betreten einer anderen Wirklichkeit, von der wir nie wissen, ob sie aus den Tiefen unseres Unbewußten stammt oder ob sie eine Realität *hinter* der Realität ist.

Kutira Decosterd, eine Schweizer Musikerin und Tantra-Lehrmeisterin, die von den Aborigines in das Spiel und den Gebrauch des Dijeridoo eingeweiht wurde, hatte die Idee, in ihrer Wahlheimat, auf der Hawaii-Insel Maui, das Instrument so einzusetzen, daß sie mit den Walen, die dort jährlich im Frühjahr eintreffen, um zu gebären, kommunizieren konnte. Ein faszinierendes Spektakel: Kaum hält Kutira das Dijeridoo ins Wasser und erzeugt mit ihren Lippen und ihrer Zirkularatmung die merkwürdig vibrierenden, dumpfen Schnarrtöne, schon kommen die Giganten der Meere herbeigeschwommen, um die Tonerzeugerin zu begrüßen. Man fühlt sich in eine andere Wirklichkeit versetzt; die Szenerie gleicht einem – Traum, es scheint keinen Unterschied mehr zu geben zwischen der Traumzeit und dem, was wir »Realität« nennen.

Der Traum findet stets in der Welt der Bilder statt, was bedeutet, daß der Traum *vor* dem Wort kam und somit älter ist als die Sprache, was auch die Schöpfungsmythen der Welt bestätigen. Die Psychoanalyse differenziert dieses Geschehen und unterscheidet zwischen *reinen Träumen* (Traumbilder, die unchiffriert zeigen, was sie bedeuten), *allegorischen Träumen* (bizarre Traumereignisse, die der Deutung von außen bedürfen) und *Inkubationsträumen* (die dem Träumenden unmißverständliche Botschaften übermitteln). All diesen Traumarten ist die Tatsache zu eigen, daß wir durch sie Kontakt aufnehmen mit Ebenen, die anders sind als die, die wir aus unserem täglichen Leben kennen. Deshalb findet diese Kontaktaufnahme meist auch nachts statt, zu jener Zeit, da wir uns ganz auf uns selbst konzentrieren können und uns nicht länger an die Außenwelt ent-äußern müssen.

Wenn der Schlaf der »Bruder des Todes« ist, dann ist der Traum dessen Schwester, was auch bedeutet, daß Schlaf und Traum miteinander verwandt sind. Das Wissen um diese Verwandtschaft als auch um die Möglichkeit der Kommunikation mit einer anderen Ebene, mit dem »Göttlichen«, war wohl ursprünglich allen Kulturen zu eigen. Es wurde von Menschen gehütet, die als »Schamanen« bezeichnet wurden, Heiler und Priester, die sich im Laufe der Geschichte zu Ärzten, Pfarrern und Therapeuten gewandelt haben.

Das Wiederaufleben des Schamanismus in unseren Tagen verweist auf ein tiefes Bedürfnis des Menschen, in einer sinnentleerten Welt die Verbindung mit einer anderen Realität wiederherzustellen, von der man sich Antworten auf die drängenden Identitätsfragen erhofft. »Trance-Zustand« wird diese Art des Träumens auch oft genannt, eine Art kreativer Versenkung, die einen befähigt, sowohl die eigene Persönlichkeit besser deuten zu können als auch die einem innewohnenden schöpferischen Kräfte stärker zu entwikkeln. Der Unterschied zur Psychoanalyse, bei der man seinem Therapeuten erzählt, was man nächtens geträumt hat, besteht darin, daß man fähig wird, die eigenen Träume nicht nur richtig einzuschätzen, sondern auch Informationen aus dem »Zwischenreich« zu erhalten, die für die persönliche Lebensführung maßgeblich sein können. Diese Arbeit mit Träumen, bei der ein »Traumtagebuch« fast unerläßlich ist, soll das Unbekannte erkennbar machen und in die Praxis des täglichen Lebens überführen.

Diese Art von Traumarbeit besitzt einen Heilmechanismus, der weit über die von Sigmund Freud postulierten Traumfunktionen hinausgeht. Die innere Wirklichkeit, die im Traum dabei »zu Tage« tritt, ist nicht nur *die* zentrale Form der Gotteserfahrung, wie Eugen Drewermann sagt, sie stellt auch jenen Bereich der Welt dar, der zwar weder faß- noch meßbar ist, dessen Anwesenheit jedoch keiner zu leugnen vermag. Somit ist der Traum immer *mehr* als ein Traum, wie auch die Wirklichkeit immer *mehr* ist als die ihr zugrunde liegende Realität.

Leider hat trotz der Entdeckungen der Psychoanalyse und der Wiederkehr des Schamanismus das Traumerleben nicht den Platz eingenommen, der ihm eigentlich zustehen müßte. Keine Schule der Welt unterrichtet die jungen Erdenbürger im Umgang mit ihrer Traum-Zeit, obwohl doch gerade dort der Schlüssel zum Verstehen des Lebens liegt, und nicht in abstrakten mathematischen, physikalischen oder chemikalischen Formeln.

Die Arbeit mit Träumen wird in der Zukunft aber ausschlaggebend sein für ein besseres Verhältnis von Geschöpf und Schöpfung. Eine Hausfrau, Mutter von zwei Kindern, die seit zehn Jahren mit Träumen arbeitet, erklärt: »Das Ziel dieser Anstrengung ist es, Hilfe zur Selbsthilfe zu geben, also die Fähigkeit zu vermitteln, die Informationen in den eigenen Träumen zu erkennen. Das Wissen wird gefestigt, angewandt und immer wieder erweitert. Ich selbst vertiefe dabei meine Erfahrungen und mein Verständnis über die Form, in der der Traum bildlich Inhalte vermittelt, die das Wachbewußtsein verdrängt oder nicht wahrgenommen hat.« Diese Aussage gilt als positives Indiz für eine Wandlung vom rein Materiell-Faßbaren zur Erkenntnis der Wirklichkeit hinter den Dingen. Eine Parabel des weisen Dschuang-Dse aus seinem *Buch vom südlichen Blütenland* faßt diesen Gedanken zusammen:

»Einst träumte Dschuang-Dse, er sei ein Schmetterling, der sich wohl und glücklich fühlte und nichts wußte von Dschuang-Dse. Als er aufwachte, erkannte er, daß er aber Dschuang-Dse war. Nun weiß man nicht, ob Dschuang-Dse träumte, er sei ein Schmetterling, oder ob ein Schmetterling träumte, daß er Dschuang-Dse sei, obwohl zwischen beiden mit Sicherheit ein Unterschied besteht. So also verhält es sich mit der Wandlung der Dinge.«
Wer sich diese Erkenntnis zu eigen macht, wird in Zukunft seinem Träumen ein anderes Gewicht beimessen, und er wird verstehen, weshalb Träume keineswegs »Schäume« sein können.

P. S. Um gute Träume zu erhalten, bereiten sich die Chinesen vor dem Schlaf die »Suppe der sechs Geister«. Lotoswurzeln, Orangenschalen, Hirse, Datteln, rote und grüne Sojabohnen werden dabei eineinhalb Stunden lang auf kleiner Flamme gekocht. Der abgegossene Sud wird mit etwas Zucker und einer Messerspitze Salz verfeinert, um dann langsam getrunken zu werden. Dafür verwendet man Schalen. Bitte keinen Löffel gebrauchen, sondern schlürfen!

Hans Christian Meiser

Eugen Drewermann

Was machen die Menschen mit den Träumen?

»Der Schlaf ist ein Tod, der bewegt wird von Träumen.« Was Wunder, wenn in den Träumen des Schlafs den Alten der Tod als Brücke zu einem anderen, ewigen Leben erschien? »Lebende – Sterbende!« meinte bitter Heraklit, doch fügte er tröstend im Geiste des Alten Ägyptens hinzu: »Sterbende – Lebende!« Nur eines flüchtigen Traumes Schatten sei der Mensch, meinte Pindar; wie aber gelingt es, *aufzuwachen* mitten im Leben?

Eine bestimmte Art seelischer Schläfrigkeit besteht darin, die Welt der Träume tapfer zu verdrängen. »Träume sind Schäume«, weiß der »gesunde« Menschenverstand. »Träume sind irrational«, warnen die »Praktiker«. »Träume sind heidnisch, sind gnostisch, sind Selbsterlösung«, so meint man und setzt an die Stelle der Träume den Triumph kirchlicher Außenlenkung.

»Alle Getauften gehören in irgendeiner Weise zum Papst«, ließ Pius IX. in der Zeit des Kulturkampfes den König von Preußen wissen. »Der protestantische Glaube verbietet es, irgendeinen Mittler zwischen Gott und den Menschen zu stellen«, antwortete Wilhelm I. Das war vor 121 Jahren. Wenn aber Gott redet im Leben eines jeden Menschen, so müssen wir die Kräfte verstehen lernen, aus denen sein Leben gestaltet wird: Welche Träume drängen in ihm zur Wirklichkeit? Vor allem die Gottesträumer der Bibel: die Seher, die Propheten, die großen Gründer und Künder des Religiösen werden wir niemals begreifen, ohne die Sprache der Träume zu kennen.

Eine der wichtigsten Entdeckungen der Bibelauslegung schon des 19. Jahrhunderts lag in der Aporie der historischen Fragestellung: Gerade die religiös zentralen Abschnitte der Bibel von der Erschaffung Adams bis zur Berufung Abrahams, von Bethel bis zum Sinai,

Der folgende Text des Kirchenrebellen und Psychotherapeuten Eugen Drewermann untersucht, wie es uns gelingen kann, durch den Traum unsere ursprüngliche Natürlichkeit wiederzuentdecken und gleichzeitig die Verbindung zu dem, was die religiöse Sprache »Gott« nennt, herzustellen. Wir werden sehen, daß die Quelle des religiösen Empfindens eng mit dem Traumerleben verknüpft ist. Gleichzeitig wird aber deutlich, daß unser Verhältnis zur »Realität« ein besseres wäre, wenn wir es verstünden, die Träume besser in unser Leben zu integrieren, anstatt sie als etwas von der Wirklichkeit Getrenntes aufzufassen.

von Bethlehem bis zum Berg der Verklärung sind verdichtete Bilder, nicht geschichtliche Rapporte über die Geschichte Gottes mit den Menschen. Wie *wahr* aber können Mythen, Sagen, Märchen und Legenden sein? Eine glaubwürdige Vermittlung zwischen Rationalität und Mystik, zwischen Freiheit und Frömmigkeit, zwischen Denken und Glauben wird es nur geben, wenn wir die Wirklichkeit der religiösen Bilder anthropologisch vertiefen, indem wir die Botschaft der Träume neu verstehen lernen. In ihnen liegt die Grammatik all der »phantastischen« Erzählungen veschlüsselt, deren die Religionen aller Völker offenbar sich bedienen müssen, um Gott zur »Sprache« zu bringen. Wohl sind die Träume »*heidnisch*« – alle »Träume« des Alten Testamentes spielen an nicht israelitischen Stätten! Doch wie wollen wir Gott in der Geschichte reden hören, ohne der Seele der Menschen zuzuhören? Und wie wollen wir die Menschen in der Bibel verstehen, ohne uns selber zu verstehen? »Heidnisch«, heißt das nicht erst einmal: allgemein menschlich? Die Botschaft des Gottes Israels an die »Heiden« jedenfalls, die wir das Neue Testament nennen, beginnt mit den lebensrettenden Träumen des Zimmermannes, pardon: des »Davidssohns« Joseph und endet mit der Erfüllung des Traumes des Jeremia (31,34) und des Joel, da würden Tage sein, daß niemand mehr den anderen belehrte, sondern selber spräche Gott in das Herz des Menschen und schenkte Visionen und Träume den Jungen und Alten.

Gewiß, Träume sind *ambivalent*, sie bedürfen dringend eines Gegenübers des Vertrauens, um zwischen Hoffnung und Warnung, um zwischen Wunsch und Wahn »entängstigt« und »ichgerecht« zu werden; sie bedürfen dringend der Durcharbeitung, um zwischen Erinnerung und Erwartung, zwischen Vergangenheit und Zukunft in der Gegenwart gestaltend wirksam zu werden. Gewiß, Träume sind *mißbrauchbar*, doch am meisten mißbrauchen sie die selbst *nicht* Träumenden. »I have a dream«, erklärte allen Ernstes Ronald Reagan, um seine Vision vom »Star war« Amerikas zu verwirklichen. So leicht kann der Traum vom ewigen Frieden in einen wahrhaften Alptraum politischen Handelns umfunktioniert werden. Doch was folgt daraus anderes, als daß wir nicht länger uns einschläfern lassen dürfen von dem »Traum« der Macht und der Geltung des Geldes in den Rüstungshallen und Spielbanken der Regierenden und Dirigierenden. Die Ehrlichkeit und der Mut, sich den Direktiven und Regulativen der eigenen Träume auszusetzen, ist ein wichtiges Medikament zur Stärkung des Immunsystems der Freiheit.

Ein entscheidender Unterschied zeigt sich unzweifelhaft daran, wie jemand mit seinen Träumen verfährt: Benutzt er sie zum Einschlafen oder zum Aufwachen? *Das* offenbart, wer er ist: ein Banause oder ein Künstler. Träumt er einzig des Nachts, oder rettet er seine Träume in den Alltag hinüber, um die Schatten des Mittags aufzuhellen – *das* offenbart das Maß seiner Menschlichkeit und seiner Frömmigkeit.

2400 Jahre ist es jetzt her, daß im Hain des Asklepios in Epidauros die Diener des Gottes träumekundige Ärzte waren. Wann *stimmt* das Sprechen von »Gott«, wann ist das »Heilige« heilend und heilsam? Wann werden die Dichter zu Ärzten und die Ärzte zu Priestern und umgekehrt? Die Sprache heutiger Theologie zeigt sich außerstande, kritisch auch nur die psychische Wirkung der eigenen Worte durchzuarbeiten. Was dient der Entfremdung, was der Entfaltung? Man hat den Eindruck, als sei es ihr gleichgültig! Das Glück des einzelnen – es scheint nicht so wichtig, wenn es diesem Typus von »Theologie« um »Gott« oder das »Heil« geht! Selbst das offensichtliche Unglück der vielen ändert nicht den Grundsatz dieses Denkens, Gott, wenn er spreche, rede einzig durch den Verstand, den moralischen Willen und bestimmte »objektive« Tatsachen.

Dabei liegen etwa sechs Siebtel der menschlichen Psyche im Unbewußten verborgen, kodiert in den Kammern des Zwischenhirns, geformt aus mehr denn 250 Millionen Jahren der Säugetierrevolution. All die großen Szenen der Natur: der Tag und die Nacht, die Sonne und der Mond, der Baum und der Berg, das Meer und der Stern, die Wolke und der Wind – sie alle tragen eine bestimmte traumnahe Bedeutung, weil sie auf dem Wege der Menschwerdung selber bedeutungsvoll waren. So tief aus dem Herzen der Welt redet der Schöpfer ins Herz des Menschen, und so tief ist sein Bild dem menschlichen Wesen verwoben. »Gott schläft im Stein, regt sich in der Pflanze, träumt im Tier und erwacht im Menschen.«

Jeder Traum hilft uns, die eigene Natürlichkeit wiederzufinden und die vorzufindende Natur als verwandt zu erleben. Oder umgekehrt:

Wer verächtlich herabblickt auf die Träume, der zerstört die urtümliche Verbindung des Menschen mit sich selbst, mit der Welt, die ihn umgibt, und mit Gott, dem beides entstammt. Keine Moral kann dann mehr helfen, die Lücken des Erlebens zu schließen und die Brechungen einer solchen Bewußtseinseinseitigkeit zu heilen.
Die Träume als Königsweg zum Unbewußten – S. Freud lernte aus der Not seiner Patientinnen und Patienten, wie notwendig es sei, den Träumen zuzuhören. Die Traumfragmente einer einzigen Nacht enthalten oft genug das Porträt einer ganzen Persönlichkeit, weit genauer und detaillierter, als sie selber es von sich malen könnte oder dürfte: An welchen Konflikten leidet sie heute, welche Einflüsse in Kindertagen haben sie geformt, welche Lösungsansätze legen sich ihr nahe – Diagnose, Anamnese und Prognose sowie Gegenwart, Vergangenheit und Zukunft liegen beschlossen in der Welt der Träume. Nur wer ihre Symbolsprache kennt, gewinnt positiv Einfluß auf die Symptome der Psychosomatik. Er unterwandert die Strenge der Dauerzensur, die bis in den Schlaf hinein an den Schranken unseres Bewußtseins Wache hält, und er schafft einen Raum des Vertrauens, in dem es möglich wird, offen zu sprechen und sich wahrhaftig auf sich selbst einzulassen. Verständnis ersetzt das Verurteilen, ein ursprüngliches Sein-Dürfen ersetzt das Sein-Müssen, die eigene Person durchtönt die Masken des gesellschaftlichen Theaters.
Die Träume reden nicht von »Gnade«, doch machen sie es möglich, sie zu erfahren.

»Ich weiß nicht, was ich Ihnen sagen soll.« So beginnen viele Gespräche. – »Aber was möchten Sie denn sagen?« Zwischen »sollen« und »mögen« liegt eine ganzen Welt. – »Komisch, ich hatte einen Traum – er war ganz lächerlich.« – »Und wenn Sie ihn einmal erzählen?«
»Auf einer Treppe hätte mein Mann mich beinahe erwürgt. Ich fesselte ihn aber mit einem seidenen Schal.«
All die Zeit über hatte diese Frau beteuert, wie gut ihre Ehe funktioniere, nur daß sie ihr etwas langweilig vorkomme. Erst der Traum zeigte ihr, wie erstickt, wie mundtot gemacht sie sich an der Seite ihres Gatten fühlte; und auch dem schienen buchstäblich die Hände gebunden.

»Dieser Tage war ich abends ins Kino gegangen; daraufhin hat er drei Tage lang mit mir nicht mehr geredet.« – »Und warum wollte er nicht mit Ihnen ins Kino gehen?«
Offenbar fühlte er sich den geistigen Ansprüchen seiner Frau nicht gewachsen; spürte, wie sie ihn insgehein für seine »Primitivität« verachtete; er war in ihren Augen so wenig zärtlich, ja grob beim Zusammensein. Die eheliche »Langeweile« war nur der Verdrängungszustand unsäglicher Aggressionen seit Kindertagen, von Vaterängsten und von Mutterabhängigkeit. Wir standen erst ganz am Anfang eines wirklichen Verstehens, wie es uns ein einziger Traum ermöglichte; doch schon war das Moralisieren zu Ende. Schon fielen die Schablonen hinweg. Schon waren wir dabei, den Schicksalsaufbau eines ganzen Lebens neu zu betrachten.
Und das sollte Gott gleichgültig sein? Auf solchen Wegen käme er nicht zu den Menschen? Diese Unmittelbarkeit des Vertrauens und einer reifenden Wahrhaftigkeit wären nicht sein Werk? Was heißt für uns »Vater«, was »Mutter«, was »Schuld«, was »Vergebung«, was »Kindsein«, was »Kirche«, was »Gott«? Ehe wir die menschliche Wirklichkeit in ihren Tiefen nicht erforschen und in ihren Gipfeln nicht erklimmen, werden wir die Größe und Abgründigkeit des Göttlichen nicht begreifen, das in der Seele des Menschen seinen uns sichtbarsten Spiegel erschuf.
»Ein frommer Mensch braucht nicht die Bibel, er ist die Bibel«, meinte F. Schleiermacher; sagen wir: Frömmigkeit besteht darin, aus der Bibel zu lernen, daß Jakob und Laban, daß Lea und Rachel, daß Tobit und Sarah, daß Elias und Ahab, daß Johannes und Herodes mitten unter uns spielen, in immer neuen Facetten, entlang den ewigen Fragen von Glück und Arbeit, von Liebe und Eifersucht, von Sehnsucht und Angst, von Freiheit und Willkür, von Zeugnis und Zynismus, von Leben und Tod. Die Gott-Unmittelbarkeit des Menschen, wo wäre sie wahrer als in der Unmittelbarkeit des menschlichen Daseins sich selbst gegenüber?
»Diese Welt ist der Traum eines schlafenden Gottes«, meinten die Väter der Veden. Es wäre der Sinn aller Mystik zu sagen: In unseren Träumen träumt Gott sich selber, und unsere kühnsten Visionen, Erwartungen und Hoffnungen sind Teil seiner Wirklichkeit. Wäre es möglich, der größte aller Träumer, der Mann aus Nazareth, hätte

sich *nicht* geirrt: Das »Reich Gottes« sei wirklich *nahe*, wenn wir nur aufhörten, die Menschen zu fürchten, die uns physisch vielleicht vernichten, unser wirkliches Leben aber nicht umbringen können (Mt 10,28)? Die Träume des Menschen für wahrer zu nehmen als die sogenannte »Realität« ist der Ursprung aller Religiosität.
Rose Ausländer schrieb einmal ein Gedicht mit dem Titel:

In den Traum

Komm, laß uns lautlos in den Abend gehn
und immer tiefer in den Wald der Nacht,
wo Sterne hoch und weiß wie Lilien stehn
und noch ein Märchenmond im Monde wacht.

Hier sind wir nicht daheim. Es ist kein Raum
so groß, daß unsre Sehnsucht ihn erfüllt.
Wir steigen tausend Treppen in den Traum,
wo Gott das Licht in tausend Farben hüllt.

Auf den nächsten Seiten findet sich eine Zusammenfassung der Geschichte des Traumes. Von Ägypten bis zur Zeit nach C. G. Jung wird hier alles Wesentliche, was es über die Geschichte des Traumes und seiner Bedeutung zu sagen gibt, dargestellt. Bewußt steht dieser Text am Anfang unserer Untersuchung, um den Leser einzustimmen auf das große Geheimnis, das ihm im Schlaf begegnet.

Anton Kiecle

Von der Antike bis zu Freud

Ägypten

Die ersten Linien der Traumdeutung kann man bis in das alte Ägypten zurückverfolgen. Man glaubte, daß die Träume einen übernatürlichen Ursprung hatten, daß sie einen Willen, einen Hinweis direkt von den Göttern ausdrückten, für die der Mensch nur eine Art Auffangbecken war, und daß der Mensch also die prophetischen Ratschläge der Götter annehmen und sich ihnen unterwerfen mußte. Die Träume hatten daher Bedeutung für alle, aber wenn der Träumende der Pharao war, bekamen sie eine ganz besonderc Bedeutung. Denn jener war nicht nur der weltliche Herrscher des Landes, sondern auch der Gott-König. Der Pharao war selbst »mit dem Göttlichen beladen«, und man kann sich vorstellen, welche Folgen ein großer Traum von ihm haben konnte. Das war ein Ereignis! In einem Land, in dem die religiöse und die weltliche Macht so vollständig miteinander verflochten waren, konnte er das Leben von Tausenden von Menschen beeinflussen und in bestimmten Fällen sogar Reichtum oder Ruin einer ganzen Region zur Folge haben.
Ein Verzeichnis zu besitzen, in dem alle möglichen Traumsituationen niedergelegt waren, wurde nach und nach zur Notwendigkeit. Die Aufgabe der Deutung fiel Spezialisten zu, einer Art von Halbpriestern, die es nicht zulassen konnten, daß alles oder Teile der göttlichen Botschaft dem Zufall überlassen wurden. So erschienen die ersten Traumschlüssel.
Der älteste geht zurück auf 2000 v. Chr. Es handelt sich um den Schlüssel zu religiösen Träumen, der die »guten« und die »bösen« Träume behandelt, oder besser die Träume der »guten Menschen«

und die der »Anhänger des bösen Seth«. Der Schlüssel war eine Art Lexikon; aber das Interessanteste für uns ist, daß es dem Charakter, dem Typ und den Lebensbedingungen des Träumenden Rechnung trug; anders gesagt, es war schon ein erster Schritt in Richtung einer psychologischen Charakteristik, jedenfalls andeutungsweise. Die Deutung des Traums erfolgte nach drei Prinzipien: durch den Gedanken der Gegensätze (Gold, Silber und ein Schatz, im Traum gesehen, kündigen Krankheit, Armut und Unglück an), ein Prinzip, dem die modernen Traumdeuter immer noch folgen; durch gedankliche Verbindung (ein schwer zu zähmendes Rebhuhn beispielsweise entspricht einer bösen Frau ohne Liebe); durch das Wortspiel (zwei Wörter von unterschiedlicher Bedeutung, aber gleicher Abstammung werden verbunden und dann nach einem der beiden anderen Prinzipien ausgedeutet).

Mit der Zeit umgab sich die Wissenschaft vom Traum mit Geheimnis und Magie. Man kennt den Glauben der Ägypter an die Reise der Seele nach dem Tod; man dachte, daß sie im Schlaf in der Lage wäre, auf dem Weg des »Himmlischen Ozeans« herumzustreifen (ohne ihn jedoch jemals zu erreichen). Beim gemeinen Sterblichen war es unerläßlich, daß der Traumdeutung magische Praktiken vorausgingen und daß sich wirkliche Fachleute der Sache annahmen, damit die Erinnerung nicht verlorenging. Man nannte diese Fachleute die »Meister der geheimen Dinge« oder die »Schriftgelehrten des zweiten Hauses«, und man kam von sehr weit her, um ihren Rat zu suchen.

Nach und nach jedoch waren die Menschen eher über ganz gewöhnliche Fragen beunruhigt, die die unmittelbare Zukunft betrafen, und die deutenden »Meister« wurden durch den Verlauf der Dinge zu Wahrsagern. Da die Götter sich nicht immer auf natürliche Weise zu erkennen gaben, vor allem nicht in dem Augenblick, in dem man es gerade wollte, mußte man Mittel anwenden, die die Träume hervorriefen. Das geschah in dafür vorgesehenen Tempeln. Die betreffende Person kam zum Schlafen dorthin, wurde »vorbereitet«, und wenn der Traum eintrat, unterwarf man ihn dem Urteil der Priester. Entsprechend dem Fall und je nach dem Grund, aus dem die Person gekommen war, verschrieb man ihr hinterher eine Behandlung (wenn es um einen Kranken ging), ließ sie Gebete sprechen (um ein Schicksal zu beschwören) oder Beschwörungsformeln rezitieren (um die geliebte Person zu verführen).

Der Traum des Pharao

Unter den biblischen Träumen sind drei besonders bemerkenswert. Da sind Nebukadnezars Träume vom Baum und von der Statue, die Daniel deutet (Buch Daniel, Kap. 2 und 4), und da ist der Traum Pharaos, gedeutet von Joseph (Genesis, Kap. 41). Wir haben uns entschlossen, diesen Traum zu erzählen, weil man in ihm gleichzeitig die ägyptische Symbolik und den Determinismus des göttlichen Bündnisses bei den Hebräern erkennt.

1. Mose 41, V, 1–7. – Und nach zwei Jahren hatte Pharao einen Traum, wie er stünde am Nil und sähe aus dem Wasser steigen sieben schöne, fette Kühe; die gingen auf der Weide im Grase. Nach diesen sah er sieben andere Kühe aus dem Wasser aufsteigen, die waren häßlich und mager und traten neben die Kühe an das Ufer am Wasser. Und die häßlichen und mageren fraßen die sieben schönen, fetten Kühe. Da erwachte Pharao. Und er schlief wieder ein, und ihm träumte abermals, und er sah, daß sieben Ähren wuchsen aus *einem* Halm, voll und dick. Danach sah er sieben dünne Ähren aufgehen, die waren vom Ostwind versengt. Und die sieben mageren Ähren verschlangen die sieben dicken und vollen Ähren. Da erwachte Pharao und merkte, daß es ein Traum war.
Keiner der Weisen konnte diesen Traum deuten, also ließ man Joseph kommen, der im Gefängnis saß.
V. 25–32. – Joseph antwortete Pharao: Beide Träume Pharaos sind einerlei. Gott verkündigt Pharao, was er vorhat. Die sieben schönen Kühe sind sieben Jahre, und die sieben guten Ähren sind auch sieben Jahre. Es ist einerlei Traum. Die sieben mageren und häßlichen Kühe, die nach jenen aufgestiegen sind, das sind sieben magere Jahre; und die sieben mageren und versengten Ähren sind sieben Jahre teure Zeit. Das ist nun, wie ich gesagt habe zu Pharao, daß Gott Pharao zeigt, was er vorhat. Siehe, sieben reiche Jahre werden kommen in ganz Ägyptenland. Und nach denselben werden sieben Jahre teure Zeit kommen, daß man vergessen wird aller solcher Fülle in Ägyptenland; und die teure Zeit wird das Land verzehren,

daß man nichts wissen wird von der Fülle im Lande vor der teuren Zeit, die hernach kommt; denn sie wird sehr schwer sein. Daß aber dem Pharao zum anderen Mal geträumt hat, bedeutet, daß solches Gott gewiß und eilend tun wird. (Zitiert nach: Heilige Schrift nach der deutschen Übersetzung D. Martin Luthers. Neu durchgesehen nach dem vom Evangelischen Kirchenausschuß genehmigten Text, Preußische Haupt-Bibelgesellschaft, Berlin 1918)

Man findet diese Entwicklung übrigens mehr oder weniger ausgeprägt in fast allen Ländern rund um das Mittelmeer.

Mesopotamien

Die Mesopotamier lebten in einer Welt der Widersprüche: Einerseits hatten sie ein sehr hohes Niveau an astronomischen und astrologischen Kenntnissen erreicht, hatten eine schwindelerregende Architektur entwickelt (die Hängenden Gärten), hatten Sinn für Kunst und Literatur (Bibliothek von Ninive); andererseits floß eine Unmenge an Aberglauben in das alltägliche und politische Leben ein, ihre Grausamkeit war legendär, und bei ihren Eroberungen schien es ihr einziges Ziel zu sein, alles zu zerstören. Gleichzeitig lebten sie in einer Natur voller Götter und Dämonen – man hat zu bestimmten Zeiten mehr als 50000 gezählt –, und alles, was sie unternahmen, war der allgegenwärtigen Macht dieser Götter und Dämonen unterworfen. Allgemein gesagt, Gut und Böse hielten sich an keine Regeln; die Babylonier betrachteten die andere, die höhere Welt, eher als feindlich. Es war also wichtig, sich der Freundschaft der Götter zu versichern und der unheilvollen Macht der Dämonen aus dem Weg zu gehen. Sie spürten alle Hinweise auf sie auf, die sie nur bekommen konnten; die Träume, die Botschaften aus dem Reich der Geister hatten voraussagende Bedeutung, sie mußten die Katastrophen ankündigen, die ständig über ihren Köpfen schwebten. Man versteht also, welch hohen Rang die berufsmäßigen Deuter einnahmen, die Magier, Zauberer, Priester und Priesterinnen, die allein die Bilder richtig erkennen konnten.
Die mesopotamischen Traumschlüssel (der älteste stammt aus der

Zeit um 1700 v. Chr.) funktionierten auf zwei verschiedene Weisen. Wie in Ägypten bestand die erste darin, alle Situationen, die sich ergeben hatten, zu betrachten und den allgemeinen Sinn des Traums zu deuten; man benutzte die Schlüssel als Gedächtnisstütze. Aber anders als bei den Ägyptern bezogen sie die psychologischen Typen der Träumenden nicht mit ein. Die zweite Methode bestand darin, daß man jedem Bild ein Zeichen oder eine Ziffer zuschrieb, dann zog man daraus Schlüsse auf die symbolische Bedeutung.

Die Juden

Der Jude der Vergangenheit hatte denselben Zugang zum Traum wie die Ägypter, und weil er Monotheist war, hatte der Traum für ihn keinen voraussagenden Wert, er galt auch nicht als reine oder magische Wissenschaft oder als eine wirkliche Botschaft, sondern er stellte eine Verbindung zwischen dem Menschen und Gott her, zwischen Jehova und seinem Volk. Der Traum überbrachte in einer anderen Form das Wort Gottes. Wohlgemerkt, all das, was woanders die Traumdeutung begleitete, die Riten, die Beschwörungen, die Tempel, die magischen Praktiken, der Aberglaube, die Etikette – war nicht mehr notwendig. Traumdeutung mußte unter allen Umständen von einem Priester oder einem inspirierten Propheten durchgeführt werden.
Und in der Folge erweitern die Juden dieses Konzept. Die jüngeren Texte des Talmud erklären, daß die Träume von Dämonen oder Toten herkommen oder aber auch in den Seelen der Träumenden entstehen können. Der Talmud rät dem Traumdeuter, die Persönlichkeit des Träumenden, sein Alter, seine Arbeit, seine gesellschaftliche Stellung etc. mit einzubeziehen. Im Verlauf des Schlafs trennt sich die Seele vom Körper und tritt mit dem Geist in Verbindung. Das läuft schon darauf hinaus, daß man den Träumen parallel zur äußeren Quelle, Jehova oder Dämon, eine innere Quelle zuschreibt; sie offenbaren den Seelenzustand des Träumenden.
Der Traum des einzelnen Menschen gewinnt so immer mehr an Bedeutung. Und um sich vor falschen Propheten, die überall auftauchten, zu schützen, hatten die Rabbis eine originelle Idee (die von den

Arabern genau wie von den Christen aufgegriffen wird, mit allen Mißbrauchsmöglichkeiten, die in ihr liegen): Sie vertraten den Standpunkt, daß man »schlechte Träume hat oder nicht hat«. So konnten nur das Gesetz und die Vertreter des Gesetzes dem Traum eine günstige Deutung geben.

Im 4. Jahrhundert v. Chr. gaben sich die Juden noch moderner. Man findet im Talmud, daß »die Träume dem Menschen nur das offenbaren, was sein Herz, aber nicht sein Verstand, denkt«. Sie glaubten, daß die Erinnerungen des Tages im Schlaf wieder lebendig wurden. Aber noch immer muß sich die Deutung an die Gesetze halten. Man muß das, was von Gott beeinflußt ist, von den Lügen des Satans zu unterscheiden wissen.

Zwei Träume des Gilgamesch

Im Gilgamesch-Epos, einem der ältesten Texte der Welt, erscheint der Traum auf jeder »Tafel«, um die Zukunft aufzudecken, Traum vom Tod, Traum von der Geburt, Traum vom Kampf… die Träume werden zeitweilig zu Schlüsseln in der Erzählung. In »Tafel« V, vor dem Angriff des Monsters Humbaba, hat Gilgamesch zwei Träume; der erste wird von seinem Gefährten Enkidu gedeutet; der zweite hat die Besonderheit, ein provozierter Traum zu sein, schon ein Inkubationstraum.

»Ich habe einen neuen Traum gesehen;
wir sind auf die Spitze eines Berges gestiegen,
und der Berg stürzte zusammen,
und wir, wir waren wie die Insekten am Schilfrohr,
wir, die wir in der Ebene geboren sind!
Enkidu wandte sich an seinen Gefährten und erklärte
ihm seinen Traum:
Freund, dein Traum ist günstig,
es ist ein kostbarer Traum;
mein Freund, der Berg, den du gesehen hast, ist Humbaba;
wir werden Humbaba besiegen und seinen Balg in
den Wind werfen,
und wir werden seinen Körper mit Füßen treten.«

»... Sie überquerten einen Graben angesichts des Sonnengottes;
Gilgamesch hielt sich in der Böschung des Grabens auf,
und er warf Mehl hinein, wobei er sagte:
Oh, Berg, bring uns Träume.
Der Berg brachte ihnen Träume.
Gilgamesch hockte auf den Hacken, den Kopf erhoben,
aber der Schlaf, Schicksal der Menschheit, überkam ihn;
in der Mitte der Nacht wachte er auf,
er erhob sich und sprach also zu seinem Freund:
Mein Freund, hast du mich nicht gerufen? Warum bin ich aufgewacht?
Hast du mich nicht berührt? Warum bin ich unruhig?
Ist nicht ein Gott vorbeigekommen? Warum ist mein Fleisch ohne Kraft?
Mein Freund, ich habe einen neuen Traum gesehen.
Es schien, als hätte ein großer Schrei den Himmel erfüllt,
die Erde klang davon wider, der Tag verdunkelte sich,
Die Finsternis hat sich ausgebreitet;
ein Blitz leuchtete, das Feuer entzündete sich,
und der Tod fiel überall auf die Erde wie der Regen.
Dann erlosch die Helligkeit genau wie das Feuer;
das Feuer, das herabgefallen war, wurde zu Asche.«

Griechenland

Im Verlauf ihrer Fahrten nahmen sich die Griechen bei den eroberten Völkern das, was ihnen am nützlichsten erschien. Was die Träume angeht, so übernahmen sie erst die Thesen der Ägypter und der Babylonier, daß nämlich der Traum eine Botschaft der Götter war; dann sahen sie in ihm eine Quelle der Information über die Zukunft. Später konzentrierte sich das Interesse der Griechen mehr und mehr auf die Fragen der Gesundheit und der Heilung – der Traum wurde benutzt, um Krankheiten vorauszusagen, zu entdekken und zu heilen. Aber das ging nicht von allein! Der Kranke begab sich in einen Äskulap-Tempel (der berühmteste war in Epidaurus), und dort wurden die von Ägypten übernommenen magischen Praktiken angewendet, um einen Traum entstehen zu lassen. Zunächst mußte der Traum den Kranken spontan heilen, das ist das, was man den Vorgang der Inkubation genannt hat. Später dienten die Träume dem Diagnostiker für eine medizinische Behandlung. Aber wie in Ägypten verkamen diese Praktiken. Und falsche Priester, die die Gläubigkeit des Volkes ausnutzten, überschwemmten die heiligen Stätten und machten sich daran, Träume, Orakel und Zeichen zu deuten.

Bei diesem Durcheinander fehlte es nicht an Kritik. Paradoxerweise war sie es, die die Wissenschaft der Träume voranbrachte. Die Weisen, Schriftsteller und Philosophen, empört über die Scharlatanerie, machten sich daran, ihre eigenen Vorstellungen darzulegen. Im 5. Jahrhundert v. Chr. findet Heraklit eine für die Zeit revolutionäre Formel, indem er feststellt, wenn der Mensch schläft, »zieht er sich in seine eigene Welt zurück«. Ein halbes Jahrhundert später (und 2000 Jahre vor Freud) spricht Platon von den kindlichen Quellen der Träume. Demokrit glaubte, daß die Traumbilder von der Wahrnehmung der Wirklichkeit abhingen, daß sie auf gewisse Weise verformte Bilder des Bewußtseins waren. Aber es ist Aristoteles, der am weitesten ging, indem er ganz einfach die Götter als Ursprung der Träume ablehnt. Er ist ganz aktuell in seiner Aussage, daß der Traum die äußeren Empfindungen verarbeitet, die den Schlaf beeinflussen können.

Der Inkubationstraum in den Tempeln des Äskulap

In ihrem Ursprung sollten die Inkubationsträume in den Tempeln des Äskulap die Kranken spontan heilen. Jene hatten die Wahl zwischen zwei Arten der Therapie. Entsprechend dem Fall begaben sie sich an eine Altarstätte oder in eine Grotte des Traums, wo man sie, wie wir sehen werden, einer »Schockbehandlung« unterzog. Die Therapie beruhte auf der Feierlichkeit und der Strenge eines Rituals, das dazu da war, die Kranken aus einer Alltagswelt in eine magische und mystische Welt gleiten zu lassen. Um diese Praktiken zu verstehen, muß man sich in die antike Vorstellung zurückversetzen; sie ging davon aus, daß der Körper und der Geist ein untrennbares Ganzes bildeten: Den einen zu pflegen hieß, beide zu heilen.

Zu Beginn nahm der Kranke ein Bad in kaltem Wasser. Zur selben

Zeit opferte man ein Tier, um mit Hilfe des Zustands seiner Eingeweide zu entscheiden, wann die Zeremonie stattfinden sollte. Es geschah gewöhnlich um Mitternacht, daß man den Kranken aus dem Schlaf riß. Man ließ ihn noch einmal ein Bad nehmen, das von Salbungen und Waschungen begleitet war.

Ein Priester führte ihn dann in den Tempel, ließ ihn von der Quelle des Vergessens und von der Quelle der Erinnerung trinken, damit er die wirkliche Welt vergaß und sich an seine Träume erinnern konnte. Dann brachte man ihn vor die Statue des Äskulap. Diese Phase entsprach der Neugeburt; man kleidete den Menschen in weiße Tücher, manchmal gab man ihm sogar Babynahrung. Dann begann der Abstieg in die Grotte durch ein Labyrinth von Gängen und die Kapelle. Am Ende eines Ganges befand sich die Grotte, die nur ein ungesundes Loch war. Und der Mensch mußte dort bleiben, bis sich ein Traum einstellte. Manchmal dauerte das Tage, und der Kranke kam vollkommen verschreckt wieder heraus.

Wenn er bereit war, ließ man ihn mit den Füßen voran herauskommen und führte ihn auf den »Sitz der Erinnerung«. Er erzählte seine Erfahrungen den Priestern, die ihn heimlich aus dem Tempelinneren beobachteten; erst dann erlaubte man ihm, zu seinen Angehörigen zurückzukehren. Oft brauchte er mehrere Tage, um sich zu erholen.

An den Altarstätten des Äskulap war die Behandlung schonender. Man beschränkte sich darauf, den Kranken auf einem Lager in einem besonderen Raum des Tempels ruhen zu lassen. Das Ritual war einfacher, und man wartete, bis sich ein Traum einstellte.

Unter diesem Gesichtspunkt ist das Träumen eine seelische und gefühlsmäßige Aktivität, und die Bilder, die ablaufen, kommen aus dem Inneren des Träumenden.

Artemidor von Ephesus erschien Mitte des 2. Jahrhunderts n. Chr. auf der Bildfläche. Sich auf die bereits vorhandenen Bücher, auf die religiösen Traditionen, die Mythen, den Volksglauben und seine persönliche Erfahrung stützend, stellte er fünf Bücher zusammen, deren unglaublicher Reichtum für die Ausarbeitung aller Traumdeutungen bis zur Zeit der Psychoanalyse dienen sollte. Artemidor bezog seelische, innere und gesellschaftliche Besonderheiten des Träumenden mit ein; und wenn der Aspekt »praktische Ratschläge« oder »vernünftige Erklärungen« ein wenig zu wünschen übrig läßt (beispielsweise einen Hasen, der als faul und schnell gilt, zu sehen bedeutet, daß der Träumende bald Kontakt haben wird mit gemeinen Ausreißern), so ist die symbolische und psychologische Deutung dagegen wirklich bemerkenswert. Es ist seither nicht mehr viel Besseres entstanden. Das ist übrigens nicht erstaunlich, wenn man bedenkt, daß der Symbolismus sich in den Tiefen der menschlichen Seele festsetzt und daß unter seelischem Gesichtspunkt der Mensch des 20. Jahrhunderts kaum anders ist als der antike Grieche. Es gibt keinen Grund, warum die Veränderungen, die Hemmungen, die Ängste, die Sorgen, die Wünsche, wenn auch nicht von gleicher Intensität und aus denselben Ursachen herkommend, nicht Formen von ähnlichen Symbolen hervorgerufen haben sollten. So findet man bei Artemidor Beispiele für Ödipus-Träume, für narzißtische Träume, für Träume von Kastration, Inzest, Nacktheit, wie man sie in jeder psychologischen Abhandlung unserer Tage finden kann.

Die christliche Welt

Das Werk Artemidors wurde fünfzehn Jahrhunderte lang immer wieder abgeschrieben. Manchmal wurde sein Name dabei erwähnt, wie in den arabischen Traumdeutungen; in der westlichen Welt gab man sich meistens weniger sorgfältig.

Das Aufkommen des Christentums markiert keinen Aufschwung in der Wissenschaft vom Traum; weit entfernt davon! Die Griechen hatten viel mehr Neugier und Phantasie unter Beweis gestellt. Man findet in der Tat bei den frühen Christen die alte Theorie von der Reise der Seele wieder, die, befreit von den Sinnen, zu einer tiefen Sicht der Wirklichkeit Gottes gelangt. Im 4. Jahrhundert erklärt Johannes Chrysostomos, daß Gott sich mittels der Träume seinem Volk offenbart. Dann kehrt man mit Synesios und dem heiligen Augustin zur Welt der sinnlichen Erfahrung zurück.

Wenn die folgenden Jahrhunderte nichts Neues bringen, dann, weil die christliche Kirche sich festigen muß, und dabei erlebt man mit, wie eine Kultur eine andere vernichtet. Man sieht einen Kampf um die Christianisierung und ein Heidentum, das auf dem Weg ist, ausgelöscht zu werden; Wissenschaft und verschiedene Spekulationen treffen aufeinander; die Kirche versucht, die kulturellen Traditionen, auf die sie trifft, aufzusaugen; wenig später nimmt sie den Kampf gegen die Ketzerei auf, indem sie das Gespenst von der Hexerei, des teuflischen Weges und der barbarischen Praktiken aufbaut. Ihre Haltung gegenüber den Träumen ist doppeldeutig und pragmatisch. Papst Gregor verdammt die Traumdeutung mit allem Nachdruck, während die Inquisition sie schamlos für ihre Zwecke nutzt. Mal drückt der Traum den Rat der himmlischen Mächte aus, dann wieder die schlimmsten Lügen des Satans. Inzwischen überstehen die Schlüssel zu den Träumen diese unsichere Zeit schadlos, erst mit Hilfe der mündlichen Überlieferung, dann verbreiten sie sich vom 15. Jahrhundert an mit der Entdeckung der Druckkunst.

Der Islam

Die Religion Mohammeds (6. Jahrhundert n. Chr.) und der Koran sind unbegreiflich, wenn man sie nicht mit der jüdischen Tradition verbindet. Hieraus hat der Islam in der Tat die Idee von dem einzigen Gott und von der Züchtigung in der Hölle bezogen. Auch im Zusammenhang mit den Träumen greift der Islam das Konzept des frühen Judentums auf. Es ist Gott, der sich in den Träumen offenbart, es ist Gott, der seinen Willen ankündigt und vermittelt. Mohammed selbst hat ständig die Träume befragt. Er hatte auch Visionen, und man weiß nicht genau, wo das eine aufhörte und das andere begann! Seine Rolle und sein Schicksal wurden ihm durch das Erscheinen des Erzengels Gabriel offenbart; und was den Koran angeht, so wurde ein großer Teil im Traum durch den Mund Allahs selbst diktiert.
Von da an war es nicht mehr erstaunlich, daß die Araber dem Traum und seiner Deutung soviel Aufmerksamkeit zukommen ließen. Es gab Dutzende von »großen« Deutern. Unter ihnen war Ibn Sirin (8. Jahrhundert), er verfaßte ein Traumbuch, das das gesamte Wissen der Traumdeutung seiner Zeit zusammenfaßte. Er unterschied zwischen wahren Träumen, den großen, die von Gott kom-

men, den schlimmen Träumen und den unbedeutenden. Aber er bezog gleichermaßen die Persönlichkeit des Menschen mit ein; die Elemente, die ins Spiel kamen, waren der Charakter, der Beruf, die Religion, die Rasse und der Glaube des Träumenden, dazu kamen außerdem äußere Elemente wie die Umgebung und die Jahreszeit, in der der Traum stattfand. Entsprechend diesen Elementen fiel die Deutung unterschiedlich aus.
Die Art der Deutung bestand in einer Synthese der bestehenden Systeme. Wie in Mesopotamien benutzte man die Symbolik der Zahlen, man benutzte auch das ägyptische System mit den Wortspielen und der Wortabstammung, und natürlich beruhte die geläufigste und umfassendste Deutung auf den Symbolen. Zu diesen Systemen kam zusätzlich die Lesung von entsprechenden Versen aus dem Koran, was dem Prinzip der Deutung durch Assoziation entspricht. Wenn man von einer Taube träumt oder von etwas anderem, das im Koran steht, sucht man die Sure, die von der Taube handelt, und man wendet sie auf das Leben des Träumenden an (oder man stellt eine gedankliche Verbindung her).

Persien

Es ist praktisch unmöglich, die iranische Tradition von der arabischen zu trennen. Sie haben sich gegenseitig beeinflußt. Es gibt wie im Islam allgemeine Träume, mystische und visionäre, in denen die Seele im Jenseits herumwandert; eine dritte Gruppe sind die physiologischen Träume (Wärme läßt vom Feuer träumen), die keinen großen Wert haben. Jedoch zeichnet sich eine Tendenz zu einer Deutung ab, deren Ergebnis fast immer günstig ist.
Der Traumdeuter übt dies selten als Beruf aus. Meistens wendet man sich an eine Respektsperson aus der Familie, an einen Alten oder an die Großmutter, die die Hüter der mündlichen Überlieferungen sind. Selbst im Fall von schlimmen Träumen muß der Deutende in der Erzählung immer eine Einzelheit finden, die es erlaubt, den unheilvollen Sinn des Traums abzuschwächen.
Wenn wir diesen kurzen geschichtlichen Abriß der Traumdeutung in Kulturen und Religionen unterteilt haben, dann nur aus Gründen

der Einfachheit. Die Bestimmung des Traums, der Nutzen, den man daraus zieht, und dieses langsame Hinübergleiten von einer Äußerlichkeit zu einem Gefühl und einem inneren Seelenzustand verlaufen in etwa überall gleich. Überall glaubte man, daß der Traum göttlichen Ursprungs war, überall benutzten die Kirche oder die herrschende Religion ihn entsprechend ihren eigenen Bedürfnissen.

Das Aufkommen der Psychoanalyse

Vom Ende des Mittelalters bis Mitte des 19. Jahrhunderts hat keine neue Theorie wirklich etwas umgeworfen oder in Frage gestellt. Mit der Druckkunst, der Vervielfältigung und schließlich mit der Popularisierung sieht man jedoch bei den Traumbüchern, wie sie sich füllen mit Allgemeinweisheiten, Rezepten der Großmütter, praktischen Ratschlägen und Aberglauben. Nach und nach kommt die Kirche zu dem Rat, die Träume nicht zu beachten, die nichts Gutes bringen. Aber die populären Bücher erleben einen wachsenden Erfolg, auch wenn sie nicht mehr viel gemein haben mit dem Symbolismus, den Mythen, der Überlieferung und dem Geheiligten. Man träumte nicht, um Entdeckungen zu machen... Man sah Bilder, um sich zu amüsieren oder sich zu erschrecken – in einer Welt voller alter Hexen und junger verführerischer Mädchen. Wenn man die Werke dieser Zeit betrachtet, dreht sich in der Tat alles um einige wenige Themen: Erfolg und Mißerfolg in Geschäften und in der Liebe, die Krankheit, die Heilmittel, den Haß, die Leidenschaft, Gut und Böse, den Tod, die Probleme in der Familie, die Begegnungen; und dann folgen die Rezepte, nach denen man diesen oder jenen Traum hervorrufen kann.
Die Reaktion erfolgt um 1850. Der Aberglaube und der vorherrschende Gedanke, der in den Träumen immer noch eine Offenbarung Gottes sah, wurde beiseite gewischt. Die Romantik und der philosophische Rationalismus einerseits und die wissenschaftliche Forschung und die experimentelle Medizin andererseits predigten den Gedanken, daß der einzelne Mensch allein verantwortlich ist für sein Denken und sein Schicksal. In diesem Zusammenhang ging man dazu über, daß die Träume aus dem Menschen selbst kommen,

daß sie Gefühle und Zustände der Seele beschreiben. Der Begriff des »Unbewußten« taucht zum erstenmal in Deutschland, in der Philosophie Fichtes, auf. Ungefähr zur selben Zeit interessiert sich der Engländer Hartley mehr für die Ursache der Träume als für ihren Inhalt, als er in den Träumen nach physiologischen Hinweisen auf die Gesundheit des Träumenden sucht.
Von dort aus war es dann nur noch ein Schritt zu der Aussage, daß der Traum einen verborgenen Teil der Persönlichkeit des einzelnen widerspiegelt. Der einzige Widerstand, der zu überwinden war, war moralischer Art. Denn wie konnte man akzeptieren, daß ein respektabler Mann oder eine ehrenwerte Frau von einem Messer, einer Lanze oder einer Schlange, d. h. von einem Penis träumen konnten! Das stand im Gegensatz zum bürgerlichen Geist der Zeit! (Die Symbolik der Alten wurde keineswegs verworfen; sie hatte ihre Prüfungen bestanden, und sie mußte nur bereichert werden, indem man ihr die Bilder der modernen Welt dazugab.)
So fanden sich gegen Ende des 19. Jahrhunderts viele Strömungen zu einer neuen inneren Deutung der Träume zusammen. Aber es wurde keine allgemeingültige, »wissenschaftliche« Methode aufgestellt. Das war der große Beitrag von Sigmund Freud.

Anton Kiecle

Die moderne Deutung

Freud

Freud interessierte sich für den Traum, denn er stellte sich vor, daß der psychologische Mechanismus des Traums dem der neurotischen Symptome entsprach, und zwar trotz der Tatsache, daß der Traum sich bei den Gesunden ebenso wie bei den Kranken einstellt.
Um seine Theorie zusammenzufassen, sagen wir, daß die Träume die Beziehung vermitteln, die besteht zwischen einerseits den verdrängten Trieben und andererseits der unbewußten Zensur, die diese Triebe daran hindert, sich frei zu äußern. Er entwickelte diesen Gedanken in seinem Buch »Die Traumdeutung« (1900) und praktizierte ihn bei der Behandlung von Nervenkranken.
Nach Freud erwachen diese Triebe, die im wesentlichen aus der Kindheit und verdrängten Begierden stammen, in unserem Schlaf unter dem Einfluß kurz voraufgegangener Ereignisse aus unserem Leben (verbleibende Erinnerungen). Aber der Traum, wie er in der Erinnerung erscheint, ist nur ein Teil eines größeren Traums, der sich später offenbart. Den ersten nennt er »den manifesten Inhalt des Traums«, den zweiten »den latenten Inhalt des Traums«. Und Freud definiert den Vorgang der Verwandlung des latenten Traums in einen manifesten als Traumarbeit. Den umgekehrten Ablauf nennt er Analysenarbeit.
Dann fragt er sich, worin die Traumarbeit besteht und warum sie stattfindet.
Diese Frage ist der Schlüssel zur Freudschen Traumtheorie. Wenn diese Verwandlung stattfindet – durch Verdichtung oder Intensivierung, Ortsveränderung, Rückbildung, wir wollen hier nicht in die

Einzelheiten gehen –, dann, weil eine Zensur auf den Traum wirkt. Und sie verändert ihn. Diese Zensur, nebenbei bemerkt, verdunkelt den Traum, sie kann ihn zunächst auch vollkommen absurd erscheinen lassen. Und da greift die Welt der Bilder ein. Die Bilder sind nur eine Ausdrucksform. Die Arbeit der Zensur besteht darin, die verdrängten Materialien zu verschleiern oder zu entstellen. Sie bedient sich der Bilder, d. h. einer symbolischen Darstellung, um jedes schockierende Merkmal aus diesem Material (dem Trieb) herauszunehmen, damit der das Bewußtsein in einer annehmbaren Form erreichen kann.

Freud deutet die Funktion des Traums so: »Er ist der Hüter des Schlafs«, in dem Sinn, daß er verhindert, daß der Träumende durch Impulse beunruhigt wird, die er ablehnt. »Sie sind die verschleierte Wirklichkeit der verdrängten Triebe.«

Im Verlauf der Analyse wandte Freud die Methode der freien Assoziation an, um den latenten Inhalt des Traums herauszufinden. Er forderte den Patienten auf, ihm alles zu sagen, woran ihn der Traum denken ließ: Gedanken, Empfindungen, Intuitionen, die mit ihm verbunden waren, und alles, was ihm bei jedem Bild in den Sinn kam. Er ließ so die Aufmerksamkeit des Träumenden von dem manifesten zum latenten Inhalt gleiten.

Die Psychoanalyse hat das Ziel, die Zensur zu brechen, ihre Rolle besteht darin, die Patienten dahin zu bringen, daß sie die Widerstände überwanden, die diese oft erotischen und nur schwer einzugestehenden Assoziationen hervorriefen.

Aber für Freud waren fast alle Neurosen in einem gestörten Sexualleben begründet; nach demselben Prinzip waren alle verdrängten und im Traum symbolisch befriedigten Triebe sexueller Natur. Dieses Konzept ist heutzutage überholt! Man glaubt, daß die Träume einen größeren Bereich von Spannungen und Impulsen widerspiegeln. Sicher gibt es triebhafte Träume von Macht und Aggression (nach Adler von einem Minderwertigkeitskomplex hervorgerufen), und es gibt die ganze Skala der vorausahnenden, telepathischen und schöpferischen Träume, die aus der Seele im allgemeinen und aus der Gesamtheit des Lebens kommen.

Man muß jedoch anerkennen, daß das Eingreifen Freuds entscheidend war. Es trägt einerseits bei zu der Annährungsmethode an die

Träume, andererseits zur Technik der Forschung. Zweifellos befand sich Freud in einer Zeit, in der es notwendig war, die Traumdeutung neu anzugehen, aber er ist es, der als erster eine wirklich wissenschaftliche Methode entwickelt hat, die den Traum in ein psychologisches System einbezieht. Andererseits hat er mit der Technik der freien Assoziation einen Schwerpunkt auf die psychoanalytische Rolle des Traums gelegt (die Rolle, die der Arzt spielen muß), er hat auch die ungeheure symbolische Kraft der Bilder unterstrichen.

Jung

Seine systematische Deutung wurde jedoch von seinen Nachfolgern und Schülern als viel zu eingeschränkt empfunden. Die Theorie der verdrängten Triebe kann nicht den ganzen Reichtum der Wahrheiten ausdrücken, die den Menschen in seinem Unbewußten überkommen. Es liegt im wesentlichen an diesem Punkt, daß sich C. G. Jung, Schüler und Zeitgenosse Freuds, von seinem Lehrer unterscheidet.

Für Jung wirkt der Traum wie eine Enthüllung. Er offenbart uns die unbewußten Teile unseres Ich; und als Ergänzung des Bewußtseins arbeitet er auf das hin, was der Mittelpunkt der Arbeit Jungs ist – auf die Entdeckung und Erweiterung des Ich. Jung benutzt den Ausdruck der Individuation des Ich, um diesen Vorgang zu bezeichnen. Und es geschieht mit Hilfe des Traums, daß die unbekannte Welt oder in manchen Fällen die verdrängte Welt versucht, sich unserem Ich zu erkennen zu geben, diesem Ich, das den Schnittpunkt des Bewußten und des Unbewußten bildet. Jung schreibt: »Durch den Traum dringen wir in das menschliche Wesen allgemeiner, tiefer, wahrer ein, in das Wesen, das noch in den Halbschatten der ursprünglichen Macht eingetaucht ist, wo es ein Ganzes war und wo das Ganze in ihm war, im Herzen der undifferenzierten und entpersonifizierten Natur. Aus diesen Tiefen, in denen das Universum noch eins ist, steigt der Traum empor und nimmt sogar die kindischsten, die groteskesten und unmoralischsten Erscheinungsformen an.« (»Der Mensch auf der Suche seiner Seele«) Für Freud hat der

Traum die Neigung, die Wahrheit zu verbergen; für Jung dagegen liegt sein Wert genau in dem Versuch, uns diese Wahrheit zu offenbaren. Der Traum löst sich nicht in einen latenten und einen manifesten Inhalt auf, er hat einen manifesten Aspekt, einen Punkt, das ist alles. »Die Träume sind keine vorsätzlichen Erfindungen«, schreibt er weiter, »sondern im Gegenteil natürliche Phänomene, die nicht anders sind als das, was sie darstellen. Sie machen uns nichts vor, sie lügen nicht, sie verändern und verdecken nicht; im Gegenteil, sie kündigen naiv an, was sie sind und was sie denken.« (»Psychologie und Erziehung«) Und die Analyse der Träume lehrt uns, daß es sich jedesmal um einen Neubeginn handelt. Man braucht genaugenommen keine Theorie, jeder Traum ist eine neue Geschichte, die der Träumende (und vielleicht der Analytiker) durchspielen, annehmen und kritisch bewerten muß. Für Jung offenbaren die Träume die Gegenwart und die Zukunft, sie nehmen die Zeit vorweg und spielen nicht einzig, wie bei Freud, eine rückblickende Rolle, die sich auf die Analyse der Triebe und ihrer Ursachen richtet.

Der andere Aspekt in Jungs Konzeption beruht auf dem Begriff des Unbewußten. Er fügt dem Begriff des individuellen Unbewußten den des kollektiven Unbewußten hinzu. »Je tiefer und dunkler die Schichten unseres Unbewußten sind, desto mehr verlieren sie ihre individuelle Ursprünglichkeit«, schreibt er in »Einführung in die Grundzüge der Mythologie«, »je tiefer sie sind, d. h. je mehr sie sich autonomen Funktionssystemen nähern, desto mehr werden sie kollektiv und sind schließlich allgemein verbreitet.« Und die Träume schöpfen zahlreiche Bilder aus dem kollektiven Unbewußten, zu dem die allen Völkern gemeinsamen Tendenzen gehören. Die Gestalten des alten Weisen, der Göttin, des Schattens, der Mutter Erde und des allmächtigen Vaters beispielsweise sind Symbole, die man in allen Überlieferungen wiederfindet, in allen Mythen und Weihen, und sie entstehen in jedem von uns in der Gestalt von Archetypen.

Die archetypischen Träume oder die »großen Träume« nehmen in der Traumwelt von Jung einen besonderen Platz ein. Weil sie Visionen sind, die niemals im Normalleben auftauchen (sie sind ein wenig wie diese Götterbotschaften in den archaischen Träumen), wachsen sie völlig über die betreffende Person hinaus und verklären sie, wobei sie einen allgemeinen Aspekt des menschlichen Seins offenbaren. Jung glaubte, daß diese großen Träume eine wichtige Umwälzung im Unbewußten des Träumenden anzeigen; diese Umwälzung ist nicht direkt wahrnehmbar, aber die Identifizierung des (archetypischen) Symbols und seine Bedeutung kennzeichnen den Beginn einer Grunderfahrung der Seele.

Freud und Jung

1909 fuhren Freud und Jung gemeinsam in die Vereinigten Staaten. Diese Reise, auf der sie sich gegenseitig ihre Träume analysierten, war eine Art Vorspiel zu ihrer Trennung. Jung berichtet in seinem Buch »Mein Leben« von einem Traum, den Freud nach seiner Theorie deutete und der für den Schüler ein »großer Traum« war. Die Bedeutung, die ihm jeder der beiden gibt, kennzeichnet deutlich, wie die beiden Männer sich auseinander entwickeln. Hier – verkürzt – der Traum:

»Ich befand mich in einem zweigeschossigen Haus, das ich nicht kannte. Es war ›mein‹ Haus. Ich war in der oberen Etage. Dort war ein Wohnraum mit schönen Möbeln im Rokoko-Stil. Plötzlich kam mir der Gedanke, daß ich noch nicht wußte, wie die untere Etage aussah. Dort war alles noch älter: Dieser Teil des Hauses stammte aus dem 15. oder 16. Jahrhundert... Alles lag im Halbschatten. Ich ging von einem Zimmer zum anderen und sagte mir: Ich muß das ganze Haus erforschen! Ich erreichte eine schwere Tür, hinter der ich eine Steintreppe entdeckte, die in den Keller führte. Ich stieg hinab und kam in einen sehr alten Raum mit wunderbaren Gewölben... aus der Römerzeit. Ich betrachtete auch den Boden mit den Steinplatten. In einer entdeckte ich einen Ring. Darunter befand sich eine Treppe, die in die Tiefe führte. In dem dicken Staub, der den Boden bedeckte, lagen Gebeine... Ich entdeckte zwei menschliche Schädel, vermutlich sehr alte, die halb zerfallen waren. Dann wachte ich auf.«

Was Freud vor allem an diesem Traum interessiert, das sind die beiden Schädel. Er schlägt Jung vor, in seinem Inneren nach einem vielleicht vorhandenen Wunsch zu forschen. Jung erklärt, worauf Freud hinauswollte: »Geheime Todeswünsche waren verborgen.«

Und Freud war erleichtert bei seiner Antwort, denn Jung sagte, daß diese beiden Schädel zweifellos bedeuteten, daß er den Tod seiner Frau und seiner Schwiegermutter wünschte.
In Wirklichkeit war Jung noch jung und wollte seinem Lehrer nicht widersprechen. Aber er spürte schon, daß diese Deutung etwas Lächerliches hatte. Für ihn ist die wahre Bedeutung dieses Traums eine ganz andere. Er sagt: »Es ist klar, daß das Haus eine Art Bild der Seele darstellte, anders gesagt, ein Bild meiner augenblicklichen bewußten Situation. Das Bewußtsein war bezeichnet durch den Wohnraum. Im Untergeschoß begann schon das Unbewußte... In der Grotte entdeckte ich die Überreste einer primitiven Kultur, anders gesagt, die Welt des primitiven Menschen in mir.«
Durch diesen Traum wurde Jung zum erstenmal, wie er sagt, zum Begriff des kollektiven Unbewußten geführt. Jede Etage stellte gleichzeitig vergangene historische Epochen und höhere Bewußtseinsebenen dar.

Die Zeit nach Jung

Indem er das Konzept vom kollektiven Unbewußten entwickelte, lieferte Jung einen Rahmen, der groß genug war, um fast alle Erfahrungen einzubeziehen, die im Verlauf eines Traums auftauchen konnten. Er lehnte die Freudsche Theorie nicht pauschal ab, aber er glaubte, daß sie nur einen Teil der zahlreichen Aspekte des Gefühlszustands des Träumenden erfaßte. Die späteren Theorien von Erich Fromm, Medard Boss oder Samuel Lowy und auch die von Montague Ullman und die Gestalt-Therapie von Fritz Perls bestehen vor allem in mehr oder weniger nützlichen Richtigstellungen und betreffen oft die Technik der Analyse: Gruppenexperimente, übersinnliche Erfahrungen, Versuche mit dem Schlaf, intuitive Methode anstelle der freien Assoziationen etc.
Heute stimmen alle wenigstens darin überein, daß sie sagen, der Traum offenbart einen verborgenen Teil der Persönlichkeit, und dieser Teil drückt sich in Bildern aus. Es muß deutlich festgestellt werden, daß sich die Theorien von Freud und Jung im Rahmen einer Therapie entwickelt haben und daß sie die therapeutische Rolle der

Psychoanalyse unterstreichen. Schließlich entstehen die Bilder in jedem von uns, und wir sind vermutlich die einzigen, die den tiefen Sinn begreifen können. Der Therapeut kann im besten Fall nur Vorschläge machen, helfen und Zeit sparen. Wie sagte Heraklit: »Die Menschen im wachen Zustand haben eine einzige Welt, die ihnen allen gemeinsam ist. Im Schlaf wendet sich jeder seiner eigenen Welt zu.«

Der Schlüssel zur Erkenntnis

Die Texte, die in dieses Kapitel aufgenommen sind, zeigen aus anthropologischer und psychoanalytischer Sicht die Bedeutung dessen, was wir Traum nennen. Es wird deutlich werden, daß ein Traum »mehr« ist als ein Traum, daß er einen Schlüssel darstellt zu einem verborgenen inneren Reich, das zu betreten kaum einer sich wagt, sei es aus Furcht, dort sich selbst begegnen zu müssen, sei es aus Unfähigkeit, die eigenen inneren Bezirke ausloten zu können. Wie wichtig freilich dieser Schritt »hinein« ist, wird im folgenden dargestellt.

Ann Faraday

Träume: Gedanken des Herzens

Was der Traum zeigt, ist der Schatten dessen, was an Weisheit im Menschen vorhanden ist, selbst wenn er im Wachzustand nichts davon wissen mag... Wir wissen nichts davon, weil wir unsere Zeit mit äußerlichen und vergänglichen Dingen vertrödeln und dem, was in uns real ist, keine Aufmerksamkeit schenken.

PARACELSUS

Was ist ein Traum? Einige erscheinen völlig trivial wie ziellose Wanderungen eines dienstfreien Gehirns, und es ist nicht überraschend, daß Skeptiker sagen, man sollte sie am besten vergessen. Aber über andere kann man nicht so leicht hinweggehen. Es gibt die sehr erschreckenden Träume, von denen wir wünschten, wir *könnten* sie als »bloße Träume« abtun, wie Kinder es nach dem dringenden Rat ihrer Eltern mit Alpträumen tun sollten, aber oft hinterlassen sie einen so starken Eindruck, daß die Erinnerung daran uns jahrelang verfolgt. Es gibt andere Träume von solcher Schönheit und Glückseligkeit, daß wir nur ungern auf sie verzichtet hätten, und wieder andere, die so lebendig sind, daß wir uns fragen, ob sie Visionen aus einer anderen Welt oder ein flüchtiges Sichtbarwerden einer früheren Inkarnation sein könnten. Einige sagen tatsächlich die Zukunft voraus. Gibt es etwas, das ihnen allen gemein ist?

Obwohl die Wissenschaft von einem umfassenden Verständnis der Träume noch weit entfernt ist, hat sich eine Erkenntnis ziemlich sicher aus der modernen Forschung ergeben, nämlich daß die meisten Träume etwas zu reflektieren scheinen, das uns in den letzten Tagen beschäftigte. Manchmal ist das leicht zu erkennen, aber es trifft ebenso auf jene phantastischen Träume zu, zwischen denen und unserem tagtäglichen Leben und Denken Welten zu liegen scheinen, etwa wenn einen ein Tiger auf der Straße verfolgt oder man sich mit einem Toten unterhält. Träume drücken sich in einer besonderen Art von Bildersprache aus, auf die ich später ausführlich zurückkomme; und sobald man sich darüber klar ist, wird man erkennen, daß der Tiger jemanden oder etwas symbolisierte, das man einige Tage vor dem Traum erschreckend fand, während der Tote vorkam, um irgendeiner Idee, die er uns vor langer Zeit eingab, greifbaren Ausdruck zu verleihen, einer Idee, die für unser jetziges Leben unmittelbar von Belang ist. Träume reflektieren nicht nur tatsächliche Geschehnisse, sondern auch eine Fülle von Gedanken und Gefühlen, von denen wir tagsüber keine Notiz genommen hatten, weil wir zu beschäftigt waren oder sie nicht aufgreifen wollten.

Tatsächlich kann die träumende Seele mit einem Filmregisseur verglichen werden, der Einzelheiten aus dem Wachleben aufgreift, die mehr Aufmerksamkeit erfordern, als wir ihnen geschenkt haben, und *gründlich* über sie nachdenkt, indem er Geschichten erfindet, bei denen Rückblenden, Bilder nach Art von Zeichentrickfilmen und alle möglichen anderen Einfälle herangezogen werden, um das zum Ausdruck zu bringen, was wir tief in unserem Inneren über uns, andere Menschen und die Qualität unseres Lebens im allgemeinen empfinden. Und das allein, selbst wenn wir nicht weitergingen, wäre ein vortrefflicher Grund, Träume nicht einfach mit einer Handbewegung abzutun, denn gibt es einen Menschen, dessen Leben nicht verbessert werden könnte durch ein wenig zusätzliches Nachdenken? Jeder, der ernstlich glaubt, er habe das Leben sicher im Griff, sollte seine Freunde und Verwandten nach ihrer aufrichtigen Meinung fragen; gewöhnlich wird er feststellen, daß er lediglich die Gabe besitzt, anderen Leuten die Last seines Versagens und seiner Fehler aufzuhalsen, und wenn er das lange genug fortsetzt, werden sie rebellieren.

Was der Traumprozeß eigentlich bewirkt, wenn wir den Traum verschlafen und uns nie an ihn erinnern, weiß niemand. Wahrscheinlich ist etwas dran an der uralten Vorstellung, daß man mit den Schwierigkeiten des Lebens besser fertig wird, wenn man »seine Probleme überschläft«, aber über die Gründe, warum es damit klappt, können wir nur spekulieren. Wir wissen lediglich, daß, wenn Träume erinnert und ihre unterbewußten Reflexionen verstanden werden, dem Leben eine ganz neue Dimension an Weisheit

und Einsicht hinzugefügt wird, die mehr geistige Gesundheit, Bedeutung und Humor in unser Dasein bringt.
Eine der Fragen, die mir am häufigsten gestellt wird, ist, ob die Zeit und Anstrengung, die nötig sind, um die Bildersprache der Träume zu verstehen, nicht besser darauf verwandt würden, sich folgerichtig und rational über unsere Probleme Gedanken zu machen. Die Antwort lautet, solange die träumende Seele uns nicht all die subtilen Gefühle, Stimmungen und Eindrücke zur Kenntnis bringt, die uns im wachen Leben entgangen sind, können wir die Probleme nicht beurteilen, geschweige denn sie lösen. Ein Detektiv, der nur den halben Tatbestand eines Falles kennt, wird wahrscheinlich kein Geheimnis entwirren, wieviel Vernunft und gesunden Menschenverstand er auch darauf verwendet. Das ist der Grund, warum die Faszination, die Träume seit eh und je auf die Menschheit ausübten, auf Weisheit beruhte, wie sehr sie auch in Aberglauben und Mystifikation abgeglitten sein mag.
Der Preis, den unsere Kultur für ihre übermäßige Konzentration auf rationales Denken gezahlt hat, wird erhellt durch Jungs Bericht über eine Unterhaltung mit dem Häuptling der Pueblo-Indianer, Ochwiay Biano. Jung fragte den Häuptling nach seiner Meinung über die Weißen und erfuhr, daß der Indianer keine sehr hohe Meinung von ihnen habe. Weiße, sagte Ochwiay Biano, scheinen immer aufgeregt zu sein und rastlos nach etwas zu suchen, und die Folge sei, daß ihre Gesichter mit Runzeln bedeckt seien. Weiße Menschen, fügte er hinzu, müßten verrückt sein, denn sie denken mit dem Kopf, und es sei wohlbekannt, daß nur Verrückte das tun. Jung fragte erstaunt, wie denn die Indianer denken, worauf Ochwiay Biano erwiderte, er denke natürlich mit dem Herzen.
In unserer Kultur erziehen wir nicht nur unsere Kinder dazu, mit dem Kopf zu denken, sondern wir tun auch alles, um sie davon abzuhalten, auf ihr Herz zu hören, obwohl wir doch ein Lippenbekenntnis zur Macht der Gefühle im menschlichen Leben ablegen. Wenn jemand aus der Rolle fällt, offensichtlich die Gebote der Vernunft und des gesunden Menschenverstandes mißachtet, nicken wir weise und murmeln vielleicht die berühmten Worte von Pascal: »Das Herz hat seine Gründe, die der Verstand nicht kennt.« Dann verstehen wir einen Augenblick lang, warum so viele unserer gutge-

planten Vorhaben schiefgehen. Aber meistens hegen wir tiefes Mißtrauen gegen Gefühl und Emotion und fürchten, sie würden unser Leben beherrschen, wenn wir ihnen freien Lauf ließen. Tatsächlich ist das Gegenteil der Fall, denn Emotion stiftet nur dann Unruhe, wenn sie sich nicht äußern kann. Ein gesundes Leben ist eines, bei dem Kopf und Herz zusammenarbeiten, ohne daß einer von beiden den anderen zu ducken versucht. In der modernen Umgangssprache ist jemand, der auf diese Weise lebt, »ganz beieinander« oder »integriert«.

Eben deswegen, weil Träume uns helfen, ganz beieinander zu sein, habe ich sie »Gedanken des Herzens« genannt, obwohl es zutreffender wäre zu sagen, daß Träume uns *einige* Gedanken des Herzens aufzeigen – besonders diejenigen, die wir während des Tages vernachlässigt haben, was für uns möglicherweise nachteilig oder gefährlich sein mag. Ein sehr einfaches Beispiel dafür bietet eine Frau, die mich fragte: »Ich liebe meinen Mann und meine Familie, aber immer wieder träume ich von ihrer Beerdigung. Was bedeutet das?« Ich antwortete, daß zwar niemand ernstlich versuchen könne, Träume zu deuten, ohne viel vom Träumer und seinen Lebensumständen zu wissen, daß der Traum aber darauf hinweise, daß sie einen Groll auf ihre Familie hege, der, wenn er nicht erkannt werde, sich zu etwas viel Ernsterem aufbauen könne. Als ich sie über ihr Leben ausfragte, erwiderte sie, daß sie zwar in der Tat ihre ganze Zeit und Energie der Familie widme, daß aber doch gewiß jede normale Frau und Mutter dasselbe täte. Wie so vielen Frauen in unserer Gesellschaft war ihr eingetrichtert worden, sie habe sich mit einer dienenden und aufopfernden Rolle abzufinden unter völliger Hintanstellung ihrer eigenen Wünsche und Bedürfnisse, und ihre Träume brachten eine dringende Warnung zum Ausdruck, ganz beisammen zu werden, ihren Kopf (der die Familie liebte) mit ihrem Herzen (das so weit gekommen war, sie los sein zu wollen) in Übereinstimmung zu bringen. In der kurzen zur Verfügung stehenden Zeit riet ich ihr, sie solle versuchen, sich sowohl als eigenständige Person als auch als Ehefrau und Mutter zu sehen und etwas von der Liebe und Aufmerksamkeit, die sie für die Familie aufgewendet hatte, sich selbst zuteil werden zu lassen. Wie kann eine frustrierte und unbefriedigte Frau andere wirklich glücklich machen?

Unter meinen Fallgeschichten habe ich unzählige andere Beispiele von Träumen, die eine Spaltung dieser Art zwischen Kopf und Herz enthüllen – zum Beispiel der erfolgreiche, gesellige Geschäftsmann, der im Traum immer wieder durch graue, einsame Straßen wandert auf der Suche nach einer Stellung und Freunden; der sanfte, pazifistische Student, der sich im Traum als Admiral und Oberbefehlshaber der Flotte sah; das schüchterne Mädchen, das sich im Traum Männern an den Hals wirft. Immer drängen die Gedanken des Herzens auf Anerkennung, und wenn wir keine Notiz von ihnen nehmen, werden wir unsere Probleme auf nutzlose und schädliche Weise zu lösen versuchen. In den eben erwähnten drei Fällen fordern die Träume den Geschäftsmann auf, sich über die Gründe für seine *innere* Leere klarzuwerden, die zunehmen wird, wenn er immer nur versucht, sie durch oberflächliche Geselligkeit zu verdrängen; der Student wird darauf hingewiesen, daß er irgendeine kreative Möglichkeit finden muß, eine Menge persönlicher Tatkraft an den Tag zu legen, die sich bei ihm durch seinen Abscheu vor einer unbarmherzigen Leistungsgesellschaft aufgestaut hat; und das schüchterne Mädchen wird gedrängt, ihren sexuellen Bedürfnissen ins Auge zu sehen. Werden derartige Warnungen ignoriert, werden nicht nur die schlechten Träume anhalten; vielmehr werden die Bedürfnisse, die wir wegzuschieben versuchen, unter der Oberfläche des bewußten Gewahrwerdens sich vermehren und vervielfachen, bis sie in einem wirklich »uncharakteristischen« und destruktiven Verhalten zum Ausbruch kommen.

Das Drama der Träume

All diese Beispiele veranschaulichen einen sehr wichtigen Grundzug von Träumen: sie bringen die Gedanken unseres Herzens zum Ausdruck, indem sie sie dramatisieren und oft übertreiben, um das Emotionale hervorzuheben. Die Frau, die davon träumte, daß sie ihre Familie beerdigte, war noch nicht so weit, daß sie sie tatsächlich *umbrachte*, aber fast sicher brachte sie ihnen kleine, boshafte Nadelstiche bei, etwa, daß sie gerade zu Ferienbeginn krank wurde oder unabsichtlich eine Party verpatzte, die der Chef ihres Mannes gab. Es wäre denkbar, daß sie sich sogar eine Krankheit zuziehen würde, die sie ans Bett fesselte, damit ihre Familie sich um sie kümmern müßte. Der Traum brachte ihre Gefühle in äußerster Übertreibung zum Ausdruck, weil irgendwo tief in ihr die Kräfte des gesunden Verstandes und der Gesundheit darauf drängten, daß sie diese Gefühle klar und unausweichlich erkenne und etwas unternehme. Das Entsetzen, das sie im Traum empfand, als sie auf die Leichen ihrer Lieben starrte, erschreckte sie so, daß sie um Hilfe bat.

Auf ähnliche Weise vermochte der Geschäftsmann seine Einsamkeit zu erkennen, als er ihr ehrlich ins Auge sah, aber das war ganz etwas anderes als sein Traumbild, als er durch die Straßen wanderte auf der Suche nach einer Stellung und Freunden. Als wir uns kennenlernten, versuchte er indes, seine innere Leere durch Trinken und Geselligkeit zu verdecken, und es ist möglich, daß seine Trinkerei ihn eines Tages um seine Stellung und seine Freunde bringen könnte. Derweil hatte er keinen wirklichen Spaß am Leben. In der Gruppe halfen wir ihm, die Spaltung zwischen seinem Kopf (der ihm versicherte, er sei ein prachtvoller, erfolgreicher Mann, den alle gern hatten) und seinem Herzen (das sich immer noch wie ein einsamer, ungeliebter kleiner Junge vorkam) zu erkennen. Wiederum besteht die Lösung des Problems darin, daß man lernen muß, in erster Linie sich selbst zu lieben – das einzige sichere Heilmittel gegen Einsamkeit.

Der sanfte Student, der geträumt hatte, er sei ein Admiral, war so entsetzt über seinen Traum, daß er auf der Suche nach einer Erklärung zur Gruppe kam, denn er war ganz sicher, daß er im wirklichen Leben nichts dergleichen sein wollte. »Es wäre mir nie im Traum eingefallen, einer dieser aufgeblasenen Hanswurste zu sein«, sagte er und grinste, als er sich über seinen Versprecher klar wurde. Doch mußte er uncharakteristische Ausbrüche von Heftigkeit zugeben, die ihn bekümmerten, etwa Prügeleien bei Protestversammlungen und Demonstrationen und daß er spät in der Nacht Platten spielte, wenn seine Freunde schlafen wollten. Natürlich drängte ihn sein Traum nicht, Admiral oder Vorstandsvorsitzender von General Motors zu werden, sondern ein Auslaßventil für seine gewaltige Tatkraft zu finden, das mit seinen Hoffnungen auf eine bessere Welt vereinbar wäre. Ich weiß nicht, was aus ihm geworden ist, aber als

er die Gruppe verließ, war er sich darüber klar, daß gegen die Tatkraft selbst nichts einzuwenden ist, nur gegen die Art und Weise, wie sie eingesetzt wird.
Das schüchterne Mädchen hat womöglich nie den Punkt erreicht, an dem sie sich tatsächlich Männern an den Hals warf, wie sie es im Traum tut, wenngleich ihre unausgesprochenen sexuellen Bedürfnisse sie in eine verhängnisvolle Beziehung hineintreiben könnten, wenn sie nicht erkannt werden. In Träumen werden wir den Gedanken unseres Herzens in ihrer leidenschaftlichsten Form gegenübergestellt. Edgar Cayce wußte das und brachte es sehr treffend zum Ausdruck, als er sagte, Träume bieten nicht nur Information und Anleitung – sie rufen ein »Erlebnis« hervor, bei dem das Herz hämmert, die Knie zittern, der Geist singt und wir veranlaßt werden, unser Leben zu ändern.

Unser wahres Gesicht

Indes wäre es ein großer Irrtum zu glauben, Träume wären nur nützlich, wenn sie unerfreulich sind wie die sprichwörtlich bittere Arznei. Psychologen und Psychotherapeuten haben der Gesellschaft und auch den Träumen dadurch einen schlechten Dienst erwiesen, daß sie sich auf die Vorstellung konzentrierten, größere Selbsterfahrung zu erreichen bedeute, der Tatsache »die Stirn zu bieten«, daß wir Ängste, Begierden, feindselige und niedrige Gesinnungen haben, die wir ständig zu vermeiden versuchen. Das wurde sehr gut veranschaulicht in der berühmten Karikaturenreihe *Peanuts*, in der zwei Kinder Psychiater und Patient spielen. Charlie Brown fragt seine Freundin, die »Ärztin«, nach der Funktion von Träumen, und sie antwortet: »Die Träume in der Nacht bereiten dich auf den nächsten Tag vor... nachts, wenn du schläfst, arbeitet dein Gehirn tatsächlich... und versucht, alles für dich zu sichten... versucht, dich dazu zu bringen, daß du dich so siehst, wie du wirklich bist.« Charlie Brown dreht sich um und sagt: »Selbst mein Gehirn ist gegen mich!«
In Wirklichkeit sind Träume sogar noch gewaltigere Enthüller versteckter Talente, verborgener Schönheit und unvermuteten kreati-

ven Potentials. Sie drängen uns zu erkennen, daß wir tatsächlich erheblich netter sind, als wir bisher gedacht haben. Ein typisches Beispiel bot der Präsident einer Naturschutzgesellschaft, der den Posten scheinbar nur übernommen hatte, weil er in der Gegend Geld investiert hatte und keinen Schaden erleiden wollte. Als er sich einer unserer Gruppen anschloß, war er verblüfft, daß er durch seine Träume plötzlich erkannte, wie sehr er die bedrohte Tierwelt ringsum liebte und welche Sorgen er sich um sie machte. Sein Vater war ein zäher, aggressiver Geschäftsmann gewesen und hatte ihn dazu erzogen, Sanftheit und »Sentimentalität« jeder Art zu verachten. Aber die Gedanken seines Herzens waren ganz anders als der »Kopf-Trip«, den sein Vater ihm aufgezwungen hatte, und nachdem er sich »beisammen« hatte, vermochte er nicht nur seine weichen Regungen ohne Scham zum Ausdruck zu bringen, sondern wurde auch viel erfolgreicher bei dem Ökologieprogramm. »Ist es nicht seltsam«, bemerkte ein Mädchen nach diesem Vorfall, »wie wir alle darauf gedrillt worden sind zu glauben, wir würden uns psychisch nur entwickeln, wenn wir etwas Unerfreuliches über uns erfahren?«

Ich wundere mich über die Inkonsequenz vieler Traum-Psychologen, die behaupten, Träume enthüllten nur dann unser wahres Gesicht, wenn die Züge düster und häßlich sind. Wenn das sprichwörtliche häßliche junge Entlein sich im Traum schön und erfolgreich sieht, dann werden die Träume als bloßes Wunschdenken, als ein Versuch abgetan, die rauhe Wirklichkeit wettzumachen. Wenn George, der Automechaniker, davon träumt, er habe den Grand Prix gewonnen, dann wird ihm gesagt, er solle mit den Beinen auf dem Boden bleiben und sich nicht Tagträumen hingeben. Aber ein Traum ist ganz etwas anderes als ein Tagtraum, der weitgehend Lethargie erzeugend ist, und meine Erfahrung hat gezeigt, daß solche Träume tatsächlich Hinweise auf das sind, was der Träumer erreichen könnte, wenn er sich im Wachzustand entsprechend anstrengen würde. Es ist, als ob die Träume versuchten, die Botschaft zu übermitteln: »Schau, du bist nicht untüchtig, unzulänglich, häßlich, erfolglos... wenn du dich nur ein wenig anstrengst, könntest du viel mehr sein, als du bist. Los, reiß dich zusammen, tue etwas!«

Auch hier macht die träumende Seele ihren Standpunkt durch dramatische Übertreibung klar, denn das häßliche junge Entlein wird vielleicht nie Schönheitskönigin werden, und George auch nicht unbedingt ein Weltmeister. Doch um es uns zu ermöglichen, sozusagen den süßen Duft des Erfolgs zu riechen, veranlassen uns Träume wie diese, uns über unser unentwickeltes Wirkungsvermögen klar zu werden.

Ein gutes Beispiel dafür bot uns vor ein paar Jahren ein junger Mann, der sein Studium aufgegeben hatte, um den Indischen Ozean zu durchqueren. Wir trafen ihn auf einer Insel, und nachdem er uns erzählt hatte, daß er sich nie an seine Träume erinnere, hatte er prompt in der nächsten Nacht einen und berichtete uns sehr aufgeregt darüber. Er hatte geträumt, daß sein Onkel, der schon lange tot war, ihm auf dem Speicher seines alten Hauses ein Gemälde im Wert von einer Million Dollar hinterlassen habe. Nachdem wir von ihm erfahren hatten, daß das Haus abgerissen worden sei (wir empfehlen immer, Träume zuerst einmal wörtlich zu nehmen!), fragten wir Ben, was sein verstorbener Onkel für ihn bedeutet habe. »Ja«, sagte er, »mein Onkel hat mich immer ermutigt, ich solle malen, aber ich habe nie geglaubt, daß ich was tauge.« Dann erwähnte er, daß er in Ostafrika Drucker gewesen sei, ehe er auf die Insel kam. Als wir ihn fragten, ob er immer noch gern malen würde, erwiderte er, daß er ständig daran denke, aber kein Zutrauen zu seiner Begabung habe. Seine Eltern hätten immer über seine Bemühungen gespottet, etwas Kreatives zu tun. Wir erklärten ihm, daß sein Herz anderer Meinung sei und ihn dränge, zum Pinsel zu greifen. Ich weiß nicht, ob er eine Million Dollar verdient hat oder nicht, aber ehe wir die Insel verließen, hatte er mit Malen angefangen und gesagt, er *fühle sich* wie eine Million Dollar. Wie der weise Cayce sagte, sind »Träume Visionen, die konkrete Form erhalten können«, und in Träumen erhalten die realen Hoffnungen und Möglichkeiten des Träumers, nicht nur müßige Wünsche, Gestalt und Gewicht, um uns zu kreativem Tun anzuregen. Schließlich ist der Wunsch der Vater des Gedankens, und der Gedanke ist der Anstifter zur Tat. Jede große Leistung (und jede Greueltat) wurde zuerst im Geist und in den Träumen der Menschen kreiert.

Gewiß zeigen uns Träume unser wahres Gesicht, aber diese Züge können genauso gut hell wie düster, fröhlich wie trübsinnig, schön wie häßlich sein. Während sie uns zweifellos manchmal auffordern, uns mit Problemen auseinanderzusetzen, ist es nach meiner Erfahrung viel wichtiger, die positive Funktion des Traums zu betonen, die darin besteht, uns zu zeigen, warum wir im wachen Leben in Schwierigkeiten geraten und trotz größter Bemühungen so oft das Glück nicht erlangen, nach dem wir trachten. Jung drückte es so aus, daß in jedem von uns ein anderer stecke, den wir nicht kennen. Er spreche mit uns in Träumen und sage uns, wie anders er uns sehe als wir uns selbst. Wenn wir uns in einer schwierigen, ausweglosen Lage befinden, könne er uns daher manchmal ein Licht aufstecken, das unsere Haltung radikal ändere – eben die Haltung, die uns in die schwierige Lage gebracht habe.

»Das Unbewußte«

Die Populärpsychologie gebraucht manchmal den Begriff »Unterbewußtes« oder »Unterbewußtsein«, um »diesen anderen in mir, der in Träumen spricht« zu beschreiben, während fachlich ausgebildete Psychotherapeuten gewöhnlich vom »Unbewußten« oder »Unbewußtsein« sprechen. Ich habe nichts übrig für derlei Begriffe, denn sie enthalten eine Anspielung auf die eine oder andere berühmte Theorie über das Wesen der Seele, etwa die Vorstellung, »das Unbewußte« bestehe aus elementaren animalischen Instinkten, verdrängten Trieben, der ererbten Weisheit der Rasse oder einem geheimnisvollen Bereich, in dem wir alle miteinander verbunden sind wie Zellen in einer großen Universalseele. Keine dieser Theorien ist wissenschaftlich erwiesen, und ich weiß aus Erfahrung, daß den Menschen wichtige Botschaften aus ihren Träumen oft entgehen, weil sie von fixen Ideen über das Wesen des »Unbewußten« beherrscht sind. Einige religiös eingestellte Psychologen haben versucht, diese Schwierigkeit zu umschiffen, indem sie sagten, Träume vermittelten uns wertvolle Botschaften sowohl aus den »unterbewußten« Regionen, wo sich unsere Seele mit unseren Körpern und unserem Fundus an früheren Erinnerungen verbinde, und aus den »überbewußten« Regionen, wo wir mit universalen seelischen Kräften in Berührung kommen. Edgar Cayce verfuhr auf diese

Weise, und ebenso der italienische Psychologe Roberto Assagioli, der Begründer der als Psychosynthese bekannten Bewegung. Derartige Versuche, die Seele in »höhere« und »niedrigere« Sektoren zu unterteilen, scheinen mir mehr Probleme aufzuwerfen als zu lösen, denn wie ich in späteren Kapiteln zeigen werde, geht eben deshalb mit unserem Leben etwas schief, weil wir die tiefe seelische Weisheit in Dingen nicht zu sehen vermögen, die rein körperlich erscheinen.

Deshalb empfinde ich viel Sympathie für die modernen Schulen der Psychologie, die angeregt haben, auf Begriffe wie »unterbewußt«, »unbewußt« und »überbewußt« ganz zu verzichten. Aber manchmal läßt es sich fast nicht vermeiden, *einige* Kürzel zu verwenden, um Prozesse zu beschreiben, die in unserer Seele vorgehen, ohne daß wir ihrer ganz gewahr werden, und aus diesem Grunde werde ich in diesem Buch hin und wieder den Ausdruck »unbewußt« verwenden, der dann in dem sehr weitgefaßten, einfachen Sinn zu verstehen ist, den Jung meinte, als er sagte, das Unbewußte sei das *in jedem gegebenen Augenblick* Unbekannte. (Hervorhebungen von mir.)

Die Gedanken des Herzens, deren wir im wachen Leben nicht gewahr werden, können sehr unterschiedlicher Art sein, und es ist wichtig, dem Aufmerksamkeit zu schenken, was uns Träume über sie alle zu sagen haben.

Auf der einfachsten Stufe können Träume uns mit einigen sehr irdischen Dingen in Berührung bringen, die uns tagsüber einfach deshalb entgangen sind, weil wir zu beschäftigt waren, um sie zu bemerken. Wenn Sie träumen, daß Ihnen die Zähne ausfallen, gehen Sie zum Zahnarzt, ehe Sie die Bedeutung auf einer schwerer verständlichen Stufe zu ergründen suchen. Edgar Cayce ist hier mit gutem Beispiel vorangegangen, als er betonte, daß viele Traumbotschaften die Folge von körperlichen Zuständen seien, und wenn man träume, man esse Obst und Gemüse, dann mag das einfach ein Hinweis darauf sein, daß der Körper den Vitaminmangel bemerkt hat.

Auf einer mehr emotionalen Stufe kann ein Traum von einer Katastrophe, die in einem Büro eintritt, in dem Ihnen gerade eine verlokkende neue Stellung angeboten wurde, bedeuten, daß Ihr Herz sich Sorgen macht über gewisse Anzeichen, die Sie bei dem Einstellungsgespräch undeutlich wahrgenommen haben – der harte Ausdruck im Blick des Chefs, der seinem freundlichen Lächeln widersprach, oder eine bedrückte Atmosphäre im Büro, die die in glühenden Farben geschilderte Karriere, die vor Ihnen liege, Lügen strafte –, und diese Anzeichen hatte Ihr Verstand in seiner Begeisterung über das Gehalt, die Stellung und das Prestige übersehen. Ob solche Träume nun gewährleisten, daß die vom Verstand bereits bewußt getroffene Entscheidung umgestoßen wird oder nicht, jedenfalls sind sie eine Warnung, daß wir uns zusammenreißen und uns die Sache gründlicher überlegen sollten, als wir es getan haben. Natürlich ist es auch möglich, daß unsere Träume günstige Anzeichen aufgreifen in Fällen, in denen der Verstand ein negatives Werturteil gefällt hat. Ich habe einmal von einer sehr diktatorischen und herrschsüchtigen Wissenschaftlerin als einem hübschen jungen Mädchen geträumt, und das erleichterte unsere spätere Beziehung erheblich, weil ich die innere Schönheit unter dem angsterregenden Äußeren zu erkennen vermochte.

Derartige Fälle kommen so oft vor, daß ich Träume manchmal »die Wachhunde der Psyche« nenne, die ständig Ausschau halten nach Anzeichen, Eindrücken und Tatsachen, die dem Verstand in den wachen Stunden entgangen sind. Diese Wachhunde können auch die tief in uns verborgenen Gefühle aufspüren, die wir lieber wegschieben und vergessen würden, wie es die Frau tat, die davon träumte, ihre Familie zu beerdigen, oder sie können uns auf eine positive Weise mit versteckten Talenten konfrontieren, die wir unbeachtet ließen, weil wir durch unsere Erziehung den Kopf voller Vorstellungen von Unzulänglichkeiten und Versagen hatten, wie es bei Ben und seinem Malen geschehen war. In jedem Fall kann man sagen, daß Träume uns für »unbewußte» Vorgänge aufgeschlossen machen, denn ehe uns die träumende Seele mit ihnen konfrontiert, werden wir ihrer praktisch nicht gewahr, obwohl wir insgeheim an sie gedacht haben mögen. Und Träume können uns auch für Vorgänge aufgeschlossen machen, die wirklich tief verborgen sind wie körperliche Krankheiten, die als unbewußte Proteste gegen irgend etwas Unbefriedigendes in unserem Leben auftreten, obwohl wir uns bewußt nie dafür entscheiden würden, an ihnen zu leiden. Psychotherapeuten verbringen einen Großteil ihrer Zeit damit, sich mit diesen versteckten Arten von »unbewußten« Vorgängen zu beschäftigen, und haben dazu geneigt, ihre Traumtheorie entsprechend zu gestalten, aber für denjenigen, der versucht, ganz mit sich eins zu werden, daß er seine eigenen Träume versteht, ist es wichtig, auf die Wachhunde der Psyche zu hören, auf welche Art von Problem auch immer sie unsere Aufmerksamkeit lenken.

Unser Tag in aller Gründlichkeit

Welche Art von Botschaft die Träume uns auch bringen, jedenfalls ist es wichtig, daran zu denken, daß sie etwas reflektieren, das uns *zur Zeit des Traums* bewegt oder bedrückt. Selbst wenn sie tief sitzende, seit langem bestehende Probleme aufdecken oder höhere transzendentale Fragen berühren, zeigen sie immer, daß diese Themen uns *jetzt* im gegenwärtigen Augenblick betreffen. Und um einen Traum richtig zu verstehen, muß man erkennen, welchen Zusammenhang er mit irgendeinem Geschehnis oder einer Beschäftigung der letzten Tage hat.

Wenn ein Traum uns in die Kindheit zurückführt oder jemanden darin vorkommen läßt, den wir einst gut kannten, mit dem wir aber lange nichts zu tun gehabt haben, dann ist der Grund immer, daß diese früheren Geschehnisse in irgendeiner Weise belangvoll sind für ein gegenwärtiges Anliegen, und dieser Zusammenhang mit der Gegenwart macht die Bedeutung des Traums aus. Während es sehr nützlich sein mag, etwas von der Vergangenheit zu wissen, wenn man die grundlegenden Probleme des Lebens anpackt, so ist es wesentlich zu wissen, wie sich diese Probleme im Augenblick auf unser Leben auswirken, denn in der Gegenwart, unter den tatsächlichen Lebensumständen hier und jetzt müssen wir dazu gelangen, beieinander zu sein. Edgar Cayce, der glaubte, daß einige Träume Visionen von früheren Inkarnationen bieten, betonte dennoch, daß Träume vom Standpunkt der jetzigen Lebenslage des Träumers gedeutet werden müssen, denn er behauptete, Träume bringen Erinnerungen an dieses Leben und frühere Existenzen nur dann hervor, wenn solche Erinnerungen für die Bedürfnisse des Hier und Jetzt belangvoll seien.

Die Gedanken des Herzens haben Zugang zu dem gewaltigen Fundus an Erinnerungen, die wir während all unseren Existenzen gesammelt haben (ich persönlich habe keine Vorstellung von früheren Existenzen!), und es ist unheimlich, wenn man aus Träumen erkennt, wie präzise einige dieser Erinnerungen sind. Wenn Sie zum Beispiel die Daten Ihrer Träume notieren, werden Sie feststellen, daß einige an einen Jahrestag zu erinnern scheinen, indem sie das Bild eines Ereignisses wachrufen, das vor einem Jahr oder auch vor mehreren Jahren genau an diesem Tag geschehen war. Das ist häufig der Fall bei Todestagen oder traumatischen Streßsituationen der Vergangenheit und bedeutet, daß sich die Erinnerung noch irgendwie auf unser Leben auswirkt. Es ist, als ob unsere Herzen an solchen Jahrestagen immer noch trauerten, obwohl unser Verstand das alles vergessen hat, und das kann manchmal so weit gehen, daß wir jedes Jahr an einem bestimmten Tag körperlich krank werden, ohne daß wir bewußt die Symptome mit dem Jahrestag in Zusammenhang bringen. Wenn Träume derartige Geschehnisse zu unserer bewußten Kenntnis bringen, dann fordern sie uns in Wirklichkeit auf, uns zu überlegen, warum wir am Unglück der Vergangenheit festhalten, und die Antwort ist fast immer, daß wir uns der Vergangenheit bedienen, um zu vermeiden, voll in der Gegenwart zu leben, vielleicht weil wir fürchten, wieder Schmerzen zu erleiden, oder weil dadurch etwas Dramatik in ein sonst leeres Dasein gelangt. Nach meiner Erfahrung erinnern solche Träume gewöhnlich nicht nur an die Vergangenheit, sondern zeigen auch unsere Furcht vor der Gegenwart auf und helfen uns damit, uns für die Zukunft freizumachen. Noch häufiger überbringen Träume Erinnerungen an vergangene Geschehnisse, um uns zu warnen, damit wir nicht in einer gegenwärtigen Situation wieder dieselben Fehler begehen, oder um uns anzuspornen, ein damit zusammenhängendes gegenwärtiges Problem positiver zu beurteilen. Zu diesem Zweck können sie irgendein früheres Geschehnis heraufbeschwören, das jetzt zufällig relevant ist, aber wenn ein passender Jahrestag greifbar ist, werden sie sich oft seiner bedienen.

Das Vermögen der träumenden Seele, uns die Gedanken des Herzens, die uns tagsüber entgangen sind, mit ihrem gewaltigen Aufgebot an assoziierten Erinnerungen und Phantasien zu zeigen, beruht in erster Linie und vor allem auf der Tatsache, daß das schlafende Gehirn der Außenwelt keine Aufmerksamkeit zu schenken braucht. Wenn wir wach sind, sind wir normalerweise mit allem möglichen beschäftigt, insbesondere in unserer modernen, hyperaktiven Kultur; aber selbst wenn wir uns hinsetzen und uns entspannen, um ganz ruhig über etwas nachzudenken, wird unser Gehirn immer noch bombardiert mit Eindrücken, die von den Sinnen übermittelt werden, oder es wird abgelenkt, weil wir darüber nachdenken, was wir später am Tag noch zu tun haben. Im Schlaf sind die meisten dieser Störfaktoren ausgeschaltet, und die Seele vermag den Gedanken des Herzens volle Aufmerksamkeit zu schenken, und überdies kann sie sie mit der ganzen Intensität des Lebens selbst dramatisch zum Ausdruck bringen. Unter diesen Umständen haben Gedanken des Herzens viel mehr Aussicht als im Wachzustand, unsere Aufmerksamkeit zu erlangen.

Darüber hinaus vermag die träumende Seele die Vorurteile und sozialen Zwänge zu umgehen, die uns im wachen Leben so oft daran hindern, uns mit den Gedanken des Herzens direkt auseinanderzusetzen. Im Wachzustand ist selbst der Ehrlichste und Ungehemmteste von uns darauf gedrillt, der Welt das bestmögliche Gesicht zu zeigen und zu versuchen, bei den Menschen einen bestimmten Eindruck zu erwecken, und während wir das tun, können wir den darunter weiterbestehenden, entgegengesetzten Gefühlen unmöglich Aufmerksamkeit schenken. Auf einer tieferen Ebene sind wir von Kindheit an darauf gedrillt, gewisse Gefühle als so »schlimm« anzusehen, daß wir nie zulassen dürfen, daß wir sie haben, und unsere wache Seele fügt sich und will sie nicht einmal uns selbst gegenüber zugeben. Doch die träumende Seele durchbricht die Absichten und Selbsttäuschungen der wachen Seele, geht rücksichtslos über viele unserer falschen Vorstellungen hinweg, an denen wir ganz besonders hängen, und zeigt unsere Gefühle, wie sie wirklich sind.

Aber selbst das sind wahrscheinlich nicht alle Tatsachen über die Traumkräfte. Hirnstromaufnahmen lassen erkennen, daß das träumende Gehirn sogar noch aktiver ist als das wache Gehirn, was bedeuten mag, daß es fähig ist, in einer bestimmten Zeitspanne mehr Arbeit zu leisten. Ich vermute, daß das träumende Gehirn sich in einem Zustand befindet, der dem durch Einnahme psychelischer Drogen hervorgerufenen Zustand ähnlich ist, in dem Dinge sehr viel stärker erlebt werden als gewöhnlich. Computer-Fachleute würden sagen, daß das Gehirn mehr Information pro Zeiteinheit »verarbeitet«. Jeder, der einmal eine psychedelische Droge genommen hat, kann die Tatsache bestätigen, daß die subjektive Zeit verlangsamt wird, so daß eine Minute wie eine Stunde erscheint. Das liegt daran, daß in dieser Minute mehr als gewöhnlich bewußt gemacht wird, was bei einem guten Trip wunderbar ist und bei einem schlechten verheerend. Beim Träumen mag es sein, daß das Gehirn die Erlebnisse der letzten ein oder zwei Tage in einem viel schnelleren Tempo durchläuft als im wachen Leben und unsere Aufmerksamkeit auf alles mögliche lenkt, das wir unterschwellig empfunden oder wahrgenommen haben, aber nicht bewußt zu registrieren vermochten. Das könnte auch die dramatische Lebendigkeit und »Übertreibung« von erfreulichen und unerfreulichen Gefühlen in Träumen erklären.

Nur weitere Forschung wird erweisen, ob diese Theorie von der träumenden Bewußtheit richtig ist, aber es kann kein Zweifel bestehen, daß die träumende Seele uns Nacht für Nacht in einem regelmäßigen Programm einen bemerkenswert tiefschürfenden Rückblick auf unser Leben bietet, der uns bereichern und weiterbringen wird, wenn wir ihm nur Aufmerksamkeit schenken.

Ann Faraday

Die Traumtore aufschließen

> *Beim normalen Verlauf der Dinge werden wir alle durch Traumdiebstahl wach, eine psychische Disziplin von großer Strenge. Jeden Morgen bestehlen wir uns systematisch, aber ganz unterschwellig, und beschlagnahmen jedes Überbleibsel von dem, was wir vor dem Aufwachen wußten. Wir haben alle gelernt, dieses Exerzitium in Selbstauspowerung mit präziser und automatischer Gründlichkeit zu erledigen. Der Wecker läutet, und sofort saust ein Beil auf das Kontinuum des Bewußtseins nieder und ruft eine scharfe Trennung zwischen Wachen und Schlafen hervor… eine Stunde nach dem Aufwachen sind für die meisten von uns die Träume verschwunden, und das Heute hat sich ohne Unterbrechung oder Ablenkung mit dem Gestern vereint.*
>
> THEODORE ROSZAK

Es ist erstaunlich, wie viele Menschen immer noch sagen: »Ich träume nie«, obwohl seit zwei Jahrzehnten erwiesen ist, daß jeder Mensch jährlich über tausend Träume hat, wie wenige von diesen nächtlichen Hervorbringungen auch beim Aufwachen erinnert werden. Wie ich selbst in den Jahren meiner experimentellen Traumforschung feststellte, erinnern sich auch die unverbesserlichsten »Nichtträumer« an Träume, wenn sie systematisch während des REM-Schlafs geweckt werden – den Perioden der raschen Augenmuskelbewegungen und des leichten Schlafs, in denen sich die Augäpfel unter den geschlossenen Lidern rasch hin- und herbewegen und das Gehirn höchst aktiviert wird, was bei normalem Schlaf jede Nacht drei- oder viermal geschieht. Bis zu einem gewissen Grad arbeitet das Gehirn tatsächlich die ganze Nacht, und oft ist es möglich, sich an Träume oder vage, traumähnliche Gedanken sogar aus den Perioden des tiefen Schlafs zwischen den REM-Perioden zu erinnern, obwohl zu diesen Zeiten Körper und Gehirn viel weniger aktiv und geistige Ergebnisse daher entsprechend undeutlich sind.

Es ist also eine sehr interessante Frage, warum sich manche Menschen ihrer Träume regelmäßig erinnern – vielleicht sogar gelegentlich an mehrere in einer Nacht –, während sich andere unter normalen Verhältnissen überhaupt kaum an welche erinnern. Wenn man darüber nachdenkt, sollte man nicht vergessen, daß der Traum für uns alle ein schwer faßbares Phänomen ist. Normalerweise erinnern wir uns an keinen Traum, sofern wir nicht unmittelbar aus ihm aufgewacht sind, und selbst dann gerät er rasch in Vergessenheit und scheint sich manchmal aufzulösen, während wir uns noch bemühen, ihn festzuhalten. Arthur Koestler war so beeindruckt von diesem sonderbaren und frustrierenden Phänomen, daß er einen eigenen Namen dafür prägte – »Oneirolysis« oder Traumauflösung. Fast jeder hat es schon einmal erlebt, daß er beim Aufwachen wußte, er habe geträumt, und dennoch nichts als einen vagen Eindruck von einer aufregenden, deprimierenden, erschreckenden oder fröhlichen Begebenheit erinnert. Ein typisches Beispiel bot meine sechsjährige Tochter, die kürzlich weinend aufwachte und, als sie nach einem möglichen Traum gefragt wurde, sagte: »Ich erinnere mich nicht, aber ich spüre eine Traurigkeit in meinen Gedanken.«
Etwas dergleichen geschieht gewöhnlich in der ersten Hälfte der Nacht, wenn wir am festesten schlafen und die REM-Perioden, die in Abständen von etwa neunzig Minuten auftreten, ziemlich kurz sind, und zwar dauert die erste nur ein oder zwei Minuten, die zweite nur zehn Minuten oder weniger. Wenn wir in der ersten Hälfte der Nacht aufwachen, dann haben wir aller Wahrscheinlichkeit nach entweder einen relativ vagen nicht-REM-Traum oder einen ganz kurzen Traum der lebhafteren REM-Spielart gehabt, und in beiden Fällen erhalten wir wenig Traummaterial, das wir aufgreifen können, wenn wir ins wache Bewußtsein zurückkehren. Im späteren Verlauf der Nacht werden der Schlaf leichter und die REM-Perioden länger, so daß der letzte REM-Traum, aus dem wir gewöhnlich morgens plötzlich aufwachen, länger als eine Stunde dauern mag – aber selbst er mag sich rasch in nichts auflösen, sofern wir nicht eine bewußte Anstrengung unternehmen, ihn einzufangen, oder er etwas besonders Eindrucksvolles an sich hat, das das Interesse wachruft.
In Anbetracht dieser allgemeinen Tendenz der Träume, sich zu ver-

flüchtigen, scheint der grundlegende Faktor, der bestimmt, ob jemand sich an sie erinnert oder nicht, derselbe zu sein, der überhaupt für das Gedächtnis ausschlaggebend ist, nämlich der *Grad des Interesses*. Traumforscher haben die Menschen grob unterteilt in »Erinnerer« – das sind diejenigen, die sich an mindestens einen Traum im Monat erinnern – und in »Nichterinnerer«, die sich noch seltener an Träume erinnern. Tests haben gezeigt, daß kühle, analytisch denkende Menschen mit einer sehr rationalen, phantasielosen Einstellung zu ihren Gefühlen im allgemeinen weniger Träume erinnern als diejenigen, deren Haltung dem Leben gegenüber aufgeschlossen und flexibel ist. Ingenieure erinnern gewöhnlich weniger Träume als Künstler. Es ist daher nicht überraschend, daß in der modernen westlichen Industriegesellschaft Frauen normalerweise mehr Träume erinnern als Männer, da die meisten Männer dazu erzogen werden, ihre Energien nach außen auf die Angelegenheiten der Welt zu richten, während Frauen traditionsgemäß eine nichtrationale, gefühlsbetonte Einstellung zum Leben zugebilligt wird.

Es ist für viele Nicht-Erinnerer eine Überraschung, wenn ihnen gesagt wird, daß ihr »Traumversagen« auf so etwas Einfaches wie Mangel an Interesse zurückzuführen sei, aber die Behauptung wird oft auf dramatische Weise dadurch bestätigt, daß sie sich gleich in der nächsten Nacht, nachdem über das Thema gesprochen wurde, eines Traums entsinnen. Ich erhalte viele Briefe von Fernseh-Zuschauern, die mir schreiben, daß mein Erscheinen auf dem Bildschirm diese Wirkung gehabt habe. Von anderen hörte ich, daß es des bloßen Lesens eines Artikels über Träume bedurfte, damit sie ihre lebenslange Gewohnheit, sich nicht an Träume zu erinnern, ablegten, und viele unserer neuen Nachbarn – einschließlich des Briefträgers – begannen, sich ihrer Träume zu entsinnen, als bekannt wurde, daß die »Traumdame« in die Gegend gezogen sei! Der Grund, warum sie sich nicht erinnert hatten, was einfach, daß sie niemals darauf hingewiesen worden waren, daß Träume ernst zu nehmen seien. Wenn indes die Voreingenommenheit gegen das Erinnern von Träumen schon länger besteht, dann wird man sie nicht so leicht ablegen können, denn ein Lebensstil, der die seelischen Werte des Fühlens und der Phantasie herunterspielt, ändert sich gewöhnlich nicht über Nacht. Überdies leben wir in einer Gesellschaft, in der alle Zwänge des Lebens und die Erziehung diese Tendenz haben.

Unsere traumstehlende Gesellschaft

Die moderne städtisch-industrielle Kultur neigt dazu, Gefühle und Träume als Kinkerlitzchen und Nichtigkeiten anzusehen, über die von Zeit zu Zeit mal gesprochen werden darf, wenn »Fraueninteresse« oder das Sondergebiet der »geistigen Gesundheit« erörtert werden, die jedoch im allgemeinen den harten, sachlichen Realitäten des Industriebetriebes, der Wertpapierbörse, des Büros oder des Haushalts untergeordnet werden müssen. Wir legen ein Lippenbekenntnis ab zu dem von der Phantasie beflügelten Gemütsleben, wie es in den Künsten Ausdruck findet, aber in der Praxis verweisen wir Musik, Poesie, Drama und Malerei auf die Stufe der Freizeitbeschäftigungen, Hobbys und »Spielereien«, die hauptsächlich danach bewertet werden, inwieweit sie uns wieder für die Arbeit frisch machen. Wir raten unseren Kindern davon ab, zu viel Aufmerksamkeit auf irgend etwas zu verwenden, das sie vom Lernen für Prüfungen oder vom Geldverdienen in der »realen« Welt der Industrie und des Handels ablenken könnte. In anderen Kulturen, die weniger hektisch extrovertiert sind als die unsere, und zwar sowohl in früheren Zeitaltern als auch heute in nicht-industrialisierten Teilen der Welt, ist es ganz offensichtlich viel verbreiteter und üblicher als in unserer urbanisierten Gesellschaft, sich an Träume zu erinnern.
Sehr viele Menschen beginnen zu erkennen, daß der Nachdruck, der heutzutage auf das Praktische und Materielle gelegt wird, zu weit geht, so weit, daß all unsere Anstrengungen uns keineswegs dazu verhelfen, ihre angeblichen Ziele zu erreichen, nämlich Glück und Erfülltheit des Lebens. Vor allem sind viele junge Menschen der Meinung, daß unser vermeintlicher praktischer Realismus in Wirklichkeit weder realistisch noch praktisch, sondern gleichsam eine Obsession sei, die allzu oft Zusammenbrüche, Alkoholismus und Gewalttätigkeit zur Folge habe und tatsächlich ein globales Verhängnis durch Umweltverschmutzung und Vergewaltigung der Natur herbeiführen könnte. Das Interesse für Mystizismus, Medita-

tion und das Gemütsleben, wozu auch die Träume gehören, hat stark zugenommen; und ein Verfechter dieser Bewegung ist Theodore Roszak in seinem Buch *Where the Wasteland Ends*, in dem er der urban-industriellen Kultur »Traumdiebstahl« vorwirft:
»Heutzutage wachen wir im Westen jeden Morgen auf und vertreiben unseren Schlaf und unser Traumerlebnis, als handele es sich um Unfug. Aber das ist eine fast groteske Narrheit. Nur unsere westliche Gesellschaft geht – und besonders in der modernen Ära – ganz so verschwenderisch um mit dem, was selbst nach dem fiktiven Maß unserer mechanischen Kontrolluhren ein wichtiger Teil unseres Lebens ist. Und was wird aus denjenigen – und das sind viele –, die unter der Belastung einer so spendierfreudigen geistigen Gesundheit zusammenbrechen? Bringt unsere Psychiatrie sie nicht wieder zurück zu ihrem Traumleben, damit sie einen Teil von dem wiedererlangen, was sie verschleudert haben? Ja, ironischerweise stehen ›normale‹ Männer und Frauen an jedem Morgen ihres Erwachsenenlebens auf und verleiben sich koffeinhaltige Getränke ein, deren Zweck es ist, ihre Traumerlebnisse auszulöschen. Viele werden durch die Anforderungen ihrer Arbeit dazu getrieben, den Wachzustand zu intensivieren und bis weit in die Nacht hinein zu verlängern durch die sträfliche Einnahme von Aufputschmitteln. Wirtschaftsleben und urbane Umweltpolitik werden ausschließlich von Männern und Frauen in eben einem solchen Zustand übersteigerter Munterkeit wahrgenommen. Traurige Opfer einer tödlichen Sucht – dennoch erfreuen sie sich eines hohen Ansehens, weil sie praktisch, produktiv und ›voll da‹ sind.«
Roszak vertritt die Ansicht, wir sollten uns der Träume nicht nur bei besonderen Gelegenheiten bedienen, wie es die Psychiater tun, sondern die ganze Tendenz und Ausrichtung des Lebens ändern, um der »unbekannten Seele« besser gewahr zu werden, des unterschiedlichen Bewußtseinszustands, der während des Schlafs die Herrschaft übernimmt und bei dem wir einen völlig neuen Blick für die Welt bekommen und auf die Quellen der schöpferischen Phantasie stoßen. Er erinnert uns daran, daß vorwissenschaftliche Kulturen und die meisten Hochkulturen der Vergangenheit den Träumen besondere Aufmerksamkeit schenkten und die Folge davon eine Tiefgründigkeit und Reichhaltigkeit des Lebens war, die uns im

modernen Westen heute unbekannt sind. In *Dream Power* schlug ich Mittel und Wege vor, um in unserer Gesellschaft dadurch eine neue geistige Gesundheit herbeizuführen, daß unsere wichtigsten Institutionen, also nicht nur die Familien, sondern auch Kirchen, Schulen, Hochschulen und sogar Arbeitsorganisationen dem Traumprozeß Rechnung tragen. Den sogenannten Realisten, die fragen, wie man es sich leisten könne, die Zeit dafür aufzubringen, würde ich erwidern, daß wir es uns in der jetzigen mißlichen Lage unserer Gesellschaft nicht leisten können, es *nicht* zu tun.

Saboteure des Träumens

Wenn es auch stimmt, daß unsere urban-industrielle Gesellschaft in einem gewaltigen sozialen Ausmaß an dem Traumdiebstahl schuld ist, habe ich doch im Laufe meiner Arbeit mit Träumen einen raffinierten Saboteur entdeckt, der selbst denjenigen die Träume stiehlt, die ein aufrichtiges Interesse für die psychischen Abgründe des Menschen bekunden. Zum Beispiel sabotieren viele Psychoanalytiker und Psychotherapeuten das Wachrufen der Träume ihrer Patienten dadurch, daß sie sich besonders für eine bestimmte Art von Träumen unter Ausschluß aller anderen interessieren. Mein eigener Freudscher Analytiker erklärte mir klipp und klar, daß er meine sexuellen Träume weit höher bewerte als alle anderen, und offensichtlich geraten Jungsche Analytiker oft in die Falle, daß sie ein ungebührliches Interesse an Träumen von mythischer oder archetypischer Art bekunden. Patienten erkennen diese Neigungen sehr rasch und lernen bald, ihre »uninteressanten« Träume nicht mehr zu erwähnen oder sich ihrer sogar nicht mehr zu entsinnen, und die Folge ist, daß ihr Traumleben betrüblich vermindert wird. Der Analytiker vermag dann triumphierend zu verkünden, daß eben seine Traumtheorie erhärtet ist.

Dieselbe Erscheinung finde ich unter Mitgliedern einiger religiöser und okkulter Gruppen, die sich für Träume als übernatürliche Prophezeiungen, Reinkarnationsvisionen oder außersinnliche Wahrnehmungen interessieren. Ich war zuerst darüber verblüfft, wie häufig Leute aus solchen Gruppen sich bei mir darüber beklagten, daß sie seit Monaten keine Träume gehabt haben. Bei genauerer Befragung stellte sich dann heraus, daß sie eigentlich sagen wollten, daß sie seit Monaten keine Träume der Art gehabt haben, an der sie interessiert waren. Alle »gewöhnlichen« Träume hatten sie als belanglose Wanderungen des schlafenden Gehirns abgetan, die es nicht wert seien, ernstlich in Betracht gezogen zu werden. Sie betrachten sie gar nicht als Träume und sind sprachlos, wenn andere Leute sagen, daß sie häufig träumen. Wir haben auch Angehörige verschiedener Sekten getroffen, die alle Träume als belanglos abtun, sofern darin nicht Jesus Christus, Krischna, Mohammed oder irgendein anderer großer Lehrer vorkommt, und so ist es nicht überraschend, wenn solche Leute glauben, daß sie nur alle Jubeljahre ein- oder zweimal träumen. Werden gewöhnliche Träume ständig auf diese Weise abgetan, dann vermindert sich tatsächlich die Zahl der Träume, die *erinnert* werden, und das führt zu dem scheinbaren Paradox, daß Menschen, die ein starkes Interesse für Träume bekunden, sich oft als Nicht-Erinnerer bezeichnen. Es ist fast, als gäbe es eine Art von automatischem Auswahlmechanismus im Gehirn, der Menschen mit einer derartigen starken Präokkupation daran hindert, sich an Träume zu erinnern, die sie als »unnötig« ansehen.

Da ich überzeugt bin, daß es nützlich für uns ist, wenn wir für *alle* Botschaften der träumenden Seele aufgeschlossen sind, ob sie nun unsere Ernährung, unsere menschlichen Beziehungen oder geistige Disziplinen betreffen, tut es mir leid feststellen zu müssen, daß einige mystische Lehrer, die heute das Interesse vieler junger Leute gefesselt haben, dazu neigen, gewöhnliche Träume als unnötige Ablenkungen von dem Streben nach Erleuchtung abzutun. Einige östliche Gurus sind hier die Missetäter, aber der Fall, der am meisten Aufmerksamkeit gefunden hat, ist der von Don Juan, dem alten indianischen Zauberer in Mexiko, dessen Lehren durch die Schriften des jungen Anthropologen von der University of California, Carlos Castaneda, der Anfang der 1960er Jahre sein Schüler wurde, in der westlichen Gesellschaft bekannt wurden. In seinem dritten Buch, *Reise nach Ixtlan*, verrät Castaneda, daß Don Juan in der Tat sehr interessiert am Träumen ist, aber dabei nur ein Ziel im Auge hat – die Förderung der Geisteskraft. Ein wichtiger Schritt dabei sei, zu lernen, in einem Traum, den man hat, zur Bewußtheit zu gelangen, und dann zu lernen, die Traumwelt zu manipulieren.

Laut Castaneda nennt Don Juan nur dies *Träumen*, im Gegensatz zu gewöhnlichen Träumen, die er als unwichtig abtut. Er empfiehlt Castaneda, die Kunst des Träumens auf die Weise auszubilden, daß er lernt, jedesmal seine Hände zu betrachten, wenn er sie in einem gewöhnlichen Traum erblickt, wodurch (wie er hofft) die bewußte Erkenntnis herbeigeführt wird, in einem Traum zu sein. Wenn der Träumer gelernt hat, sein Bewußtsein konstant zu halten, hat er, so sagt Don Juan, seine Traumwelt in der Gewalt und kann »darin gezielt handeln, er kann das eine wählen und das andere verwerfen, er kann aus einer Vielzahl von Dingen diejenigen auswählen, die zur Kraft führen, und er kann sie manipulieren und benutzen, während er in einem normalen Traum nicht gezielt handeln kann.« Er fährt fort: »Beim Träumen hast du Kraft; du kannst Dinge verändern; du kannst zahllose verborgene Tatsachen finden; du kannst beherrschen, was immer du willst.«

Nun ist diese besondere Art des Traumbewußtseins, die Traumfachleute *luzides* Träumen nennen, tatsächlich ein außerordentlich interessantes Phänomen. Ich glaube, es kann das Mittel sein, um höhere Bewußtseinszustände zu erreichen, aber meine eigenen Forschungen haben gezeigt, daß das nicht vorzeitig erzwungen werden kann und daß der luzide Zustand einzutreten beginnt, *nachdem* der Träumer gelernt hat, sich seiner gewöhnlichen Träume zu bedienen, um seine Lebensprobleme aufzuklären.

Der wesentliche Punkt ist indes, daß Don Juan sich über die Probleme des täglichen Lebens gar keine Gedanken macht; er interessiert sich für seelische Dimensionen weit jenseits dessen, was wir in der zivilisierten Gesellschaft überhaupt begreifen können. Aber für diejenigen von uns, und das gilt auch für Castaneda, die die Welt und ihre Probleme nicht hinter sich gelassen haben und womöglich auch nie hinter sich lassen werden, gibt es vielleicht in anderer Richtung unmittelbare Hilfe. Darauf müssen wir unseren gesunden Menschenverstand anwenden. Östliche Gurus, die oft hartnäckig darauf bestehen, alle Träume als flüchtige Einbildungen abzutun, gehen von ihrer eigenen, besonderen Position der geistigen Entwicklung aus und übersehen offenbar die Tatsache, daß die meisten von uns sehr weit entfernt sind von diesem Zustand der Erleuchtung. Wie ich später zeigen werde, sind Träume unschätzbar, um unseren geistigen Fortschritt zu verzeichnen, welches unsere Fachrichtung auch sein mag, und innere Blockierungen aufzuzeigen, die unsere Bemühungen sabotieren. Bei uns allen, die wir in der gewöhnlichen Welt leben, vermag die träumende Seele dem Leben eine ganz neue Dimension der Weisheit hinzuzufügen, die der Entdeckung eines inneren Guru in jedem von uns gleichkommt, und es wäre ein schwerer Fehler, würden wir uns durch aus dem Zusammenhang gerissene Bemerkungen von Don Juan oder irgendeinem anderen Meister davon abbringen lassen, aus dieser Quelle der Erkenntnis und Weisheit zu schöpfen.

Die verlorene Traumwelt wiedergewinnen

Der wirkungsvollste aller Anreize, sich seiner Träume zu erinnern, ist die nützliche Entdeckung, wie wertvoll Träume im Leben sein können, und wir haben es oft erlebt, daß chronische Nicht-Erinnerer sich in lebhafte Erinnerer verwandelten, nachdem sie an einem Traum-Workshop teilgenommen hatten. In einem kürzlich abgehaltenen College-Kurs begannen mehrere Studenten, sich ihrer Träume zu erinnern, als andere Mitglieder der Gruppe in einer peinlich wahrhaftigen Weise von ihnen träumten. Das gab Anlaß zu reziproken Träumen, die ihrerseits zu sehr wirkungsvollen Gruppenbegegnungen führten. Einige Studenten verließen das College, nachdem sie ihre Träume durchgearbeitet und erkannt hatten, daß sie nur studierten, weil ihre Eltern es gewollt hatten, während andere, die erwogen hatten, das Studium aufzugeben, um bei den Indianern zu leben, einsahen, wie sehr sie das College-Leben genossen.

Die Gruppenarbeit bewirkt auch selbst bei denjenigen, die sich ziemlich regelmäßig ihrer Träume erinnern, eine Zunahme des Erinnerns. Walter, der an einem in Pennsylvania abgehaltenen Workshop teilnahm, schrieb später: »Es gab einen Zeitraum von etwa einem Monat kurz nach der Rückkehr von dem Traum-Wochenende, da stand ich nachts zwei- oder dreimal auf, um Träume aufzuzeichnen. Mein Zimmergenosse nannte mich ›die beste Traummaschine von ganz Amerika‹.« Ich setze mich ständig für die Bildung kleiner Traumgruppen unter Freunden und Kollegen ein, denn ich weiß aus Erfahrung, daß das der bei weitem wirkungsvollste Weg ist, um das Traumleben aktiv und dynamisch zu erhalten.

Jeder Nicht-Erinnerer, der mir bisher gefolgt ist, wird wahrscheinlich dazu angeregt worden sein, sich wenigstens einiger Träume zu erinnern – was ausreicht, die Arbeit zu beginnen. Wenn Ihre Träume sich weiterhin verflüchtigen trotz allem, was ich gesagt habe, dann sind Sie vermutlich von irgendeinem nicht wahrgenommenen Vorurteil besessen, das Ihnen bewußt gemacht werden muß, und zu diesem Zweck würde ich das folgende Experiment vorschlagen:

Stellen Sie zwei Stühle in etwa anderthalb Meter Entfernung einander gegenüber und setzen Sie sich auf den einen. Im Geist setzen Sie »Ihre Träume« auf den Stuhl gegenüber und reden mit ihnen. Sagen Sie in Ihren eigenen Worten etwas dergleichen: »Träume, warum kommt ihr nicht zu mir?«

Dann gehen Sie zu dem anderen Stuhl, übernehmen die Rolle der Träume, geben ihnen eine Stimme und lassen sie mit Ihren Stimmbändern selbst sprechen. Versuchen Sie, nicht verlegen zu werden, wenn Sie mit sich selbst reden. Viele Leute sind tatsächlich sehr befangen, wenn sie das zum erstenmal versuchen, aber Sie werden überrascht sein, wie schnell die Peinlichkeit vergeht. Lassen Sie die Antwort ganz natürlich kommen, sagen Sie das erste beste, was Ihnen einfällt. Stellen Sie diesen Versuch an, ehe Sie weiterlesen, da ich jetzt einige der Antworten anführe, die andere von ihren fernbleibenden Träumen erhalten haben, und nicht möchte, daß Ihre eigenen Antworten dadurch beeinflußt werden. Einige chronische Nicht-Erinnerer gaben, als sie die Rolle der »Träume« übernahmen, die folgenden typischen Antworten:

»Wir kommen nicht zu dir, weil du sehr stark beschäftigt bist und wir deinen Schlaf nicht stören wollen.«

»Du hältst uns nicht für wichtig, warum sollen wir uns dann die Mühe machen, zu dir zu kommen?«

»Du hast das Leben jetzt ganz schön im Griff, und wir wollen dir das nicht verderben.«

»Du hast genug Probleme: wir wollen dir nicht weitere bringen.«
»Wir sind so traurig und unglücklich, daß du die ganze Nacht weinen würdest.«
»Du bist schon verwirrt genug, wir würden es nur schlimmer machen.«
»Wir sind nicht so aufregend wie früher, und das könnte dich deprimieren.«
»Du bist viel zu beschäftigt, um dich mit Trivialitäten, wie wir es sind, abzugeben.«
»Du verstehst uns nicht, wenn wir kommen, also was hat es für einen Sinn?«
»Wir wollen dich nicht erschrecken.«
Wenn Sie ein chronischer Nicht-Erinnerer sind und Ihre Antworten in etwa so lauten, dann sind Sie wahrscheinlich dem zum Opfer gefallen, was Fritz Perls »katastrophische Erwartungen« nannte, denn all diese Befürchtungen beruhen auf einem Mißverständnis. Erstens ist, wie ich schon angedeutet habe, der Traumprozeß einer guten Nachtruhe oder gesundem Schlaf keineswegs abträglich; er ist im Gegenteil wesentlich und wichtig. Auch besteht nicht der geringste Grund für die Annahme, daß das rasche Aufnotieren eines Traums während der Nacht oder morgens die Tagesarbeit beeinträchtigt. Ebenso ist es ein Irrtum, zu glauben, daß Träume uns Schwierigkeiten bereiten oder unglücklich machen, und zwar aus dem einfachen Grund, weil sie nur das enthüllen, was schon da ist. Wenn Sie befürchten, die Träume würden Ihr Leben in Unordnung bringen, dann artikulieren Sie nur eine halbbewußte Angst, daß Ihr Leben in Gefahr sei, irgendwann durch irgend etwas zerrüttet zu werden, und das ist eine fragwürdige und unbefriedigende Lebensweise. Weit besser ist es, auf die Träume zu hören, ehe es zu spät ist.
Die von Träumen aufgeworfenen Bilder mögen in Widerspruch stehen zu unserem eigenen Image, das wir seit unserer Kindheit kultiviert haben, aber sie lügen nicht, und wenn wir versuchen, unbequeme Wahrheiten über uns und andere zu ignorieren, tun wir es auf eigene Gefahr. Die Furcht, daß Träume uns unwillkommene oder beängstigende Phantasien bringen, ist weit verbreitet und wurde lebhaft veranschaulicht durch eine Zuschauerin, die sich

während einer Fernsehsendung von mir im Vormittagsprogramm in San Francisco telefonisch mit einem Traum meldete. »Ich bin Ende Siebzig«, begann eine verlegene Stimme, »und meine Nachbarin ist Ende Sechzig. Wir sind seit Jahren befreundet und begrüßen uns immer mit einem liebevollen Kuß. Jetzt hat sie in meinen Träumen jedoch angefangen, mich wie ein Mann zu küssen, und ich möchte, daß Sie mir sagen, Frau Doktor, wie ich verhindern kann, daß ich träume, denn ich bin sicher, daß meine Träume die Sache nur fördern!« Ich erwiderte, daß die Träume, vor denen sie sich fürchtet, schon in der wachen Phantasie stattgefunden haben und es viel besser wäre, ihnen freien Lauf zu lassen, statt Zeit und Energie auf den Versuch zu verwenden, sie zu unterdrücken. Ich sagte ihr, daß wir alle sexuelle Phantasien haben, homosexuelle und andere, und daß wir sie eher mit Humor als mißbilligend betrachten sollten. Ich hoffte, daß meine eigenen sexuellen Energien noch ebenso stark strömen würden, wenn ich ihr Alter erreichte!

Die Vorstellung, wir würden der Verderbtheit anheimfallen, wenn wir sexuelle Phantasien haben oder sie sogar genießen, ist eine weitere katastrophische Erwartung, die man bloß im hellen Licht des Bewußtseins zu betrachten braucht, damit sie zusammenbricht. In Wirklichkeit ist es viel wahrscheinlicher, daß wir in sexuelle Schwierigkeiten und unangenehme Situationen geraten, wenn wir die Gefühle und Phantasien resolut beiseite schieben. Auf dieselbe Weise fürchten wir uns oft, uns mit den Emotionen von Wut, Ärger, Gier und Selbstmitleid auseinanderzusetzen, weil wir insgeheim die nicht überprüfte Vorstellung haben, daß das bloße Eingeständnis des Gefühls einen zwinge, sich dementsprechend zu verhalten, während das Umgekehrte der Fall ist. Wenn Sie im Traum Ihren Ehepartner oder Ihren Chef umbringen, dann müssen Sie nicht unbedingt die Scheidung einreichen oder die Stellung wechseln, ebenso wenig wie eine sexuelle Phantasie über eine Nachbarin in die Tat umgesetzt werden muß. Sie können sich immer noch rational überlegen, was passend und zweckmäßig ist oder was Sie für moralisch richtig halten, und wo immer es möglich ist, können Sie über ihre neuerkannten Gefühle mit den anderen Betroffenen reden. Wenn Sie indes Ihre Gefühle nicht zu erkennen vermögen, werden Sie wahrscheinlich sich selbst und anderen wirklichen Schaden zufügen, weil Sie deren Leben dann zerrütten oder selbst unerklärlicherweise krank oder deprimiert werden.

Eine weitere katastrophische Erwartung ist, daß die Bemühung, Träume zu verstehen und sich ihre Botschaften zunutze zu machen, sich als so zeitraubend erweisen werde, daß wir notgedrungen wichtige Pflichten vernachlässigen. Nach meiner Erfahrung und der Erfahrung aller, mit denen ich gearbeitet habe, deckt die Aufmerksamkeit, die Träumen geschenkt wird, gewöhnlich gewaltige Energiemengen auf, die durch unzulängliches Wissen über uns und andere ungenutzt bleiben, so daß der Zeitaufwand für das Lernen der Sprache der Träume und für die Deutung ihrer Botschaften bewirkt, daß man am Tag nicht etwa mehr, sondern weniger unter Zeitdruck steht.

Wenn Sie Ihren katastrophischen Erwartungen die Stirn bieten und sie durchschauen, sollte die Folge sein, daß sich schon gleich in der nächsten Nacht die Traumtore auftun, aber es mag eine nützliche Verstärkung sein, den »Dialog mit Träumen« mit einer gleichsam förmlichen Entschuldigung für das Mißverstehen ihrer Motive abzuschließen. Setzen Sie sie wieder auf den Stuhl und sagen Sie etwa:

»Träume, mir war nicht klar, wie wichtig ihr seid. Wenn ihr zu mir kommt, verspreche ich, euch aufzuschreiben und zu versuchen, euch zu verstehen.«

Oder wenn Sie Angst vor Alpträumen haben, versuchen Sie es auf diese Weise: »Träume, können wir ein Abkommen treffen? Ich kann es mit euch nicht aufnehmen, wenn ihr mich zu sehr erschreckt. Wenn ihr mir eure Botschaften auf freundliche Weise zukommen laßt, verspreche ich, daß ich darauf hören werde.«

Sollte es mit der Dialogtechnik nicht sofort klappen, mag es daran liegen, daß Sie noch nicht wirklich überzeugt sind. *Geben Sie nicht auf.* Versuchen Sie, das Experiment zu wiederholen, und fordern Sie die Träume kurz vor dem Einschlafen entschlossen auf, zu Ihnen zu kommen. Treffen Sie Vorkehrungen, um die Träume nach den im nächsten Kapitel beschriebenen Richtlinien ordnungsgemäß aufzuzeichnen. Häufig beklagen sich Leute, daß die Träume nicht so oft zu ihnen kommen, wie sie es gern hätten, und wenn ich frage, ob sie sie auch aufschreiben, dann erklären sie, andere Verpflichtungen seien in letzter Zeit zu vordringlich gewesen – worauf ich erwidere, daß die träumende Seele sehr genau weiß, wie ernst man sie wirklich nimmt, und entsprechend reagiert.

Suchet erst den Guru im Innern

Manchmal werde ich gefragt, ob es nicht gefährlich sein könnte, das Erinnern von Träumen anzuregen. Könnten nicht, nachdem wir die Traumtore geöffnet haben, unsere Träume hervorbrechen und uns überwältigen? Oder ist vielleicht die Verlockung der unbekannten Seele so groß, daß wir in den Strudel morbider Introspektion geraten und unsere Pflichten in der Außenwelt vernachlässigen? Meine Antwort darauf lautet, daß Träumen ebenso gefährlich ist wie Leben – nicht mehr und nicht weniger. Aber nach meinen Erfahrungen durch die Arbeit mit Tausenden von Menschen in aller Welt (einschließlich derjenigen, die die Psychotherapie verließen, weil ihnen dort nicht geholfen wurde, und anderer, die von Psychiatern zu Traum-Workshops geschickt wurden) sind solche Befürchtungen nur ein weiteres Beispiel für katastrophische Erwartungen und tatsächlich unbegründet. Da die Hauptschuldigen an der Verbreitung solcher Befürchtungen Psychiater und Psychoanalytiker sind, frage ich mich manchmal, ob sie sich in Wirklichkeit nicht um den möglichen Verlust von Patienten oder von beruflichem Prestige Sorge machen.
Ich bin entsetzt über die Art und Weise, wie wir es zulassen, daß Fachleute unsere Gesellschaft beherrschen, wenn ein wenig Heimarbeit auf den verschiedenen Gebieten meistens ihre Dienste ganz unnötig machen würde. In seinem Buch *Selbstbegrenzung; Eine politische Kritik der Technik*, greift Ivan Illich die »anmaßenden« Berufe, wie er sie nennt, an, die Abhängigkeit fördern und Monopole auf bestimmte Bereiche unseres Lebens beanspruchen. Er sieht die moderne Medizin einschließlich der Psychiatrie als eine schwere Bedrohung der Gesundheit an, da sie sich hauptsächlich mit der Erhaltung kranken Lebens von ärztlich abhängigen Menschen in einer ungesunden Umgebung befasse. Er fügt hinzu, die wahre Gefahr liege nicht in zu wenig, sondern in zu viel ärztlicher Betreuung.

Zum Glück gibt es Anzeichen, daß sich die Ansichten der öffentlichen Meinung in dieser Frage ändern. Auf dem Gebiet der Gesundheit insbesondere wird die ganze Expertenfrage überprüft – zum Beispiel werden Frauen ermutigt, sich von ihren Gynäkologen freizumachen und ihre Körper wieder als ihre eigenen zu beanspruchen, und mit der Zeit werden die Sterbenden vielleicht auch in der Lage sein, ihren Tod selbst in die Hand zu nehmen und von sich aus den Ort und die Zeit ihres Sterbens zu bestimmen. Die Tage des Guru sind, wenn auch nicht vorbei, so doch gezählt, und immer mehr Menschen übernehmen die Verantwortung für ihr Tun und ihr Leben und greifen eher auf innere Ressourcen zurück, als daß sie jedesmal, wenn die Sache nicht ganz glatt geht, zu einem Experten rennen.

Ich würde niemals jemandem raten, zu einem Psychiater oder Psychotherapeuten zur Einzelbehandlung zu gehen, es sei denn im äußersten Notfall, denn normalerweise ist eine langwierige Therapie die Folge, die zu guter Letzt ein Rückzug aus dem Leben wird. Der verstorbene Dr. Berne, der Begründer der *Transactional Analysis*, sagte mit schonungsloser Offenheit, daß die meisten Patienten in der Psychotherapie jahrelang »Fortschritte machen« (was bedeutet, daß sie lernen, ein bißchen besser mit ihren Neurosen zu leben), statt ihr Leben zu ändern und gesund zu werden. Wenn irgendein Therapeut ein Teil Ihres täglichen Lebens wird und Sie sich auf seinen Rat und seine Unterstützung verlassen, dann haben Sie die Verantwortung für Ihr Leben aufgegeben und sind in Gefahr, ein wandelnder Automat zu werden. Aus diesem Grunde haben viele Fachleute (wie Berne, Carl Rogers, Perls und andere) ihre Therapie zum größten Teil in Gruppenarbeit umgewandelt. Das hat den zusätzlichen Vorteil, daß es einen eingebauten Schutz gegen den Therapeuten bietet, der dem Patienten den Stempel seiner eigenen Lebenswerte aufdrückt, was bei einer Einzeltherapie fast unvermeidlich ist, wie sehr der Therapeut auch beteuern mag, daß er eine urteilsfreie Funktion ausübt. Wer das Gefühl hat, er brauche Hilfe, dem rate ich, sich einer humanistisch ausgerichteten Therapiegruppe anzuschließen.

Was die Träume betrifft, so habe ich nie jemanden getroffen, der dadurch zerrüttet wurde oder in morbide Introspektion geriet, obwohl es manchmal möglich ist, daß man deprimiert oder geängstigt wird. Ich sehe darin nichts Alarmierendes, denn durch Geschehnisse und Traumata im täglichen wachen Leben werden wir oft in Angst oder Aufregung versetzt, ohne daß wir deshalb dahinsiechen oder einen Nervenzusammenbruch erleiden. Wie viele von uns sind wirklich so schwach und verletzlich, daß wir nicht dann und wann ein wenig Erregung vertragen können? In der Mehrzahl der Fälle ist es ein Fehler, Angst und Depression als »Symptome« anzusehen, die so rasch wie möglich beseitigt werden müssen; sie treten aus gutem Grund auf, gewöhnlich, damit wir unser Tempo verlangsamen oder unser Leben überdenken, und die Antwort ist nicht, sich dem Lebensstil wieder anzupassen, der die Symptome verursachte. Wenn wir uns unsere Träume und die Botschaften, die sie enthalten, geduldig anhören – selbst wenn sie uns manchmal verwirren –, werden sie uns zu guter Letzt zur Gesundheit führen, indem sie mehr und mehr Licht auf unsere Probleme werfen und den Weg zu konstruktiven Lösungen aufzeigen. Wieviel besser ist es doch, Rat von der anderen Hälfte von sich selbst als von einer anderen Person anzunehmen.

Wenn Teilnehmer an unseren Traum-Workshops sagen, sie hätten die Woche über nicht an einem beunruhigenden Traum gearbeitet, weil sie wußten, sie würden zur Gruppe oder zu ihrem Therapeuten kommen, bin ich besonders enttäuscht, denn der ganze Zweck der Übung ist, Vertrauen zur eigenen Kraft zu bekommen. Selbst Alpträume haben eine positive Funktion, wie ich in einem späteren Kapitel zeigen werde. Ich möchte, daß die Menschen ihre Seelen als ihr Eigentum erklären, und ich hoffe, daß dieses Buch allen, die es lesen, helfen wird, den einzig wirklich wichtigen Experten zu finden und ihm zu vertrauen – dem Guru im Innern, der uns nicht mehr Träume schicken wird, als wir jeweils verdauen können. Zum Beispiel hatte eine Freundin von mir lange Zeit intensiv mit Träumen gearbeitet und begann, ihre Angelegenheiten in der Außenwelt zu vernachlässigen. Sie wurde nicht etwa in die Sümpfe der unbekannten Seele hinuntergezogen, sondern die Traumerinnerung hörte plötzlich auf. Sie war eindeutig beunruhigt und wandte die Dialogtechnik an, um den Grund herauszufinden, woraufhin sie folgende Antwort von ihren »Träumen« erhielt: »Du mußt dir eine Stellung suchen.

Dein Geld ist fast alle, und du kannst nicht von der Luft leben, deshalb werden wir wegbleiben, bis du in der Welt wieder Fuß gefaßt hast.«

Träume können ihr Kommen auch einstellen, wenn man sich auf eine Deutungsweise festgelegt hat, die einem nicht mehr nützlich ist. Das widerfuhr Charlie, einem Lehrer in Georgia, der Psychologie studierte und seit mehreren Jahren nach Jungschen Grundsätzen mit seinen Träumen gearbeitet und sie im Sinne von Archetypen gedeutet hatte. In einer College-Arbeit schrieb Charlie: »Dieser Denkansatz wurde zuletzt unergiebig. Da war tagaus, tagein eine entmutigende Eintönigkeit in den Archetypen – es gab keine Harmonie –, und diese Eintönigkeit durchdrang auch meine Deutungen. Schließlich hörte ich auf, so viel zu träumen, unterließ es, mich der Träume zu erinnern, und war über die ganze Geschichte verzweifelt. Ich wußte, daß ich ihr nicht Gerechtigkeit widerfahren ließ. Das ging einige Zeit so weiter, und ich gab zu, daß mich Träume nun langweilten...« In der Arbeit wird dann beschrieben, wie Charlies Interesse an Träumen und sein Erinnerungsvermögen daran wieder wach wurden, als er Fritz Perls' Gestalttechnik entdeckte. Die Moral der Geschichte ist nicht, daß die Gestaltmethode unbedingt richtig oder besser als die Jungsche ist, sondern lediglich, daß Charlie etwas Neues in seinem Traumleben brauchte. Jung selbst schrieb, daß es wichtig sei, nicht vorgefaßte, doktrinäre Ansichten über die von Träumen gemachten Aussagen zu haben. Sobald uns eine gewisse »Monotonie der Deutung« auffalle, wissen wir, daß unsere Betrachtungsweise doktrinär und daher steril geworden sei.

»Die Alternative zum Erinnern und Deuten von Träumen«, sagte Edgar Cayce (wie Harmon Bro in seinem Buch *Edgar Cayce on Dreams* berichtete), »ist nicht immer erfreulich. Die Menschen können nicht erwarten immer bloß dahinzutreiben. Wenn sie nicht mit Hilfe ihrer Träume ihre Identität und die Richtung ihres Lebens heraustüfteln (und das sollte seiner Ansicht nach jeder normale Mensch versuchen), dann mag es sein, daß sie durch die unablässige Einwirkung ihrer aufgestauten Seelen in eine Krise geraten, die erfordert, daß sie mit sich selbst einig werden. Es kann eine gesundheitliche Krise sein. Es kann das Ende einer Ehe oder einer Stellung sein. Es kann eine Depression oder ein Sich-in-sich-selbst-Zurückziehen sein.«

Mit anderen Worten, die wirkliche Gefahr liegt nicht darin, das Kommen der Träume zu fördern, sondern darin, sie aus Ihrem Leben auszusperren.

Ella Freeman Sharpe

Die Mechanismen der Traumbildung

Die Umwandlung von latentem in manifesten Trauminhalt kommt durch ganz spezifische Mechanismen zustande. Freud nennt sie Verdichtung, Verschiebung, Dramatisierung, Symbolisierung bzw. Darstellung durch Symbole und schließlich sekundäre Bearbeitung. Wir wollen nun jeden dieser Mechanismen im einzelnen betrachten.

Verdichtung

Der Traum erweckt nicht nur Assoziationen zu den Geschehnissen und Gefühlen des Tages, sondern ruft auch Ereignisse, Phantasien und Emotionen wieder ins Leben, die unterschiedlichen Zeitpunkten und Umständen in der Vergangenheit zugehören. Ein einfaches Beispiel: Ein Mann träumte, daß er *ein Feuerschiff, mit einem Walroß (walrus) als Galionsfigur, sah.* Die durch den Traum hervorgerufenen Assoziationen brachten ihm zunächst eine stürmische Seefahrt ins Gedächtnis, die er am vergangenen Wochenende unternommen hatte. Dabei hatte er Feuerschiffe und Rettungsbojen gesehen. Bei dem stürmischen Wetter hatten sie einen phantastischen Eindruck auf ihn gemacht, weil die schweren Wellen immer wieder darüber hinweggerollt waren. Sie wirkten wie Köpfe, und das Wasser strömte aus ihren Nasenlöchern heraus. Die Gefahren der Seefahrt in einem Abschnitt, der zahlreiche Sandbänke aufwies, waren das erste, woran der Patient dachte. Er war während dieser stürmischen Fahrt mit Recht froh darüber gewesen, daß er die Navigationskarte auswendig kannte, denn er war der Kapitän des Schiffes.

Das spezifische Detail des »walrus« rief ihm eine Schautafel ins Gedächtnis, die früher an der Wand seines Kinderzimmers gehangen hatte. Darauf waren verschiedene Tiere abgebildet gewesen, und er erinnerte sich deutlich, daß eines davon ein Walroß (walrus) war. Es hatte zwei mächtige Hauer. Die Tafel war mit Rollstäben zum Aufwickeln versehen, wie das auch bei Landkarten der Fall ist, so daß Schautafeln und Landkarten für das Kind miteinander assoziiert waren. Das gemalte Walroß hatte übrigens ein lebendes Gegenstück. Die Geschwister nannten eine alte Dienerin der Familie »das Walroß«: Sie hatte zwei riesige Eckzähne, die, wie die Kinder einander zuflüsterten, ständig weiterwuchsen, so daß sie regelmäßig zum Zahnarzt gehen mußte, um sie von ihm absägen zu lassen. Die äußere Gefahr, die der Patient erwiesenermaßen bestanden und überlebt hatte, war die Bewältigung des »Mundes« (der Mündung) der Themse bei stürmischen Wetter.
Ich habe hier keine Deutung dieses Traumes gegeben. Er enthielt noch weitere Elemente, aber ich wollte nur zeigen, was alles an verdichteten Erinnerungen in dem einen Detail des »walrus« enthalten war: (kürzlich gesehene) Feuerschiffe und Bojen, (kürzlich studierte) Navigationskarten, ferner Landkarten im Klassenzimmer, das Schaubild mit den gemalten Tieren und die alte Dienerin mit dem Spitznamen »das Walroß«!
In dem Traum sind noch unerkannte latente Bedeutungen verborgen. Da kommt zum Beispiel das »wal« bzw. »wall« immer wieder vor, nämlich in wall-map (Landkarte), wall-chart (Wandtafel), walrus (Walroß). Und welcher Sinn steckt in dem Wort »figure-head« (Galionsfigur)? Es ist klar ersichtlich, daß in dieser analytischen Sitzung eine Fülle latenter Bedeutungen noch unerforscht blieben.
Nicht alles, was ein Patient während der Sitzung sagt, in der er zunächst einen Traum erzählt hat, repräsentiert die latenten Gedanken, die zum manifesten Trauminhalt beigetragen haben. Der Analytiker muß das vom Patienten gelieferte Material sieben, er muß Zusammenhänge herausfinden, und er muß wiederkehrende Themen, die Abkehr von ihnen – beim Aufkommen von Widerstand – und die erneute Hinwendung zu ihnen nach der einen oder anderen Abschweifung erkennen.
Die Verdichtung einer Fülle von latenten Gedanken, Erinnerungen

und Phantasien im Traum läßt sich an einem konkreten Bild veranschaulichen. Nehmen wir an, daß auf einem Tisch hundert verschiedene kleinen Gegenstände aus verschiedenem Material ausgebreitet sind. Wenn wir durch diese in allen Richtungen einen Magneten ziehen, wird er nur das an sich ziehen, was aus Eisen hergestellt ist. Ähnlich wirkt auch jedes unbewußte dynamische Interesse als ein Magnet, der aus dem gesamten Reservoir früherer und gegenwärtiger Erfahrungen nur eben alle die Elemente zusammenliest, die zu ihm, jenem Magneten, in Beziehung stehen. Solche Erfahrungen entstammen zum Teil der Gegenwart, zum Teil reichen sie bis in die früheste Kindheit zurück – wenn es nur möglich wäre, sie ausfindig zu machen.

Dieser von Freud entdeckte Mechanismus der Verdichtung bei der Traumbildung ist noch in anderer Weise gültig und bedeutsam. Er ist nicht nur ein Kennzeichen der Traumtätigkeit, sondern untrennbar verbunden mit allem mentalen Verhalten, dem bewußten wie dem unbewußten.

Ich will diese meine Feststellung zunächst anhand eines Beispiels illustrieren, das einer anderen Sphäre mentaler Tätigkeit entstammt. Wir haben es dabei mit einem Gegenstück zur wissenschaftlichen Entdeckung einer Gesetzmäßigkeit zu tun. Coleridges balladenhafte Dichtung *The Rime of the Ancient Mariner* (Die Weise vom alten Seefahrer) floß dem Dichter innerhalb kurzer Zeit nahezu so vollkommen in Sprache und Konzeption aus der Feder, wie wir sie heute kennen. Dank der Tätigkeit des Coleridge-Forschers John Livingston Lowes (The Road to Xanadu, 1927) und der Tatsache, daß Coleridge Aufzeichnungen über die von ihm so gierig verschlungenen literarischen Werke hinterließ, kann man zwar nicht den Anlaß für ihn, dieses Thema zu wählen, wohl aber das Gesetz der Verdichtung aufspüren, das hinter der Gestaltung und Behandlung des Gegenstandes steht. Das ganze Gedicht ist eine ins Ungemessene gehende Verdichtung auf eine Gesamtheit von tausend Vorstellungsbildern und Gefühlstönen aus Dutzenden von Büchern, die Coleridge gelesen hatte. Die so erreichte Einheit kam durch den psychischen Mechanismus der Verdichtung zustande, der dem Magneten des unbewußten Interesses gehorcht, jener Quelle aller geistigen Aktivität. Daß das Gedicht in so kurzer Zeit entstanden ist, erweist die erstaunlichen Wirkungen dieses Gesetzes der Verdichtung unterhalb der Ebene der Bewußtheit. Die gleichen psychischen Prozesse sind bei der Arbeit des Forschers am Werk. Seine Tätigkeit bezieht ihre Dynamik aus dem vorwärtsdrängenden Interesse der latenten Gedanken, die sich auf die Beobachtung irgendwelcher äußerer Phänomene richten. Aus Tausenden von Einzelheiten schält der Forscher schließlich eine Theorie oder eine Wahrheit in bezug auf das äußere Universum heraus, und zu diesem Endergebnis seiner Arbeit hat der Mechanismus der Verdichtung ebenso beigetragen, wie es bei dem Werk eines Dichters der Fall ist. Deshalb bin ich der Meinung, daß Freuds Entdeckung von sogar noch größerer Tragweite ist, als wir zunächst angenommen hatten. Wir haben es mit einem Prozeß zu tun, der in aller geistigen Tätigkeit, sei sie unbewußt oder bewußt, notwendig am Werk ist.

Als nächstes möchte ich auf eine Reihe von Folgerungen aufmerksam machen, die sich aus dieser Erkenntnis ergeben. Wissenschaftliche Theorien über Natur und Wirkungsweise des Universums werden von Zeit zu Zeit fallengelassen, modifiziert oder stark verändert. Dies hat seine Ursache darin, daß aufgrund von Fakten, welche bisher nicht bekannt gewesen waren und nun Berücksichtigung finden müssen, die vordem gezogenen Schlüsse sich als ungültig erweisen oder einer Neuformulierung bedürfen. Mit der Anzahl beobachtbarer Daten wächst die Möglichkeit, gültige Schlüsse zu ziehen. Nun ist die Zahl der Fakten, die ein Mensch zu beobachten vermag, von Natur aus begrenzt; aber jene spezifische Begrenzung, wie sie im Augenblick sowohl in bezug auf die Wahrnehmung der Fakten als auch auf deren Akzeptanz gilt, rührt von einem emotionalen Dilemma her: Bei den Schlüssen, die der Mensch zieht, und den Ableitungen, die er vornimmt, greift er auf solche Fakten zurück, die *ihm* zugänglich sind – nicht auf die Gesamtheit der tatsächlich vorliegenden Fakten also, sondern auf eine von ihm getroffene Auswahl. In dieser Auswahl wird aber das Weglassen so wesentlich sein wie das Einbezogene, genauso wie in den Formulierungen des Wissenschaftlers die Nichtbeachtung von Daten am Ende seine Schlüsse verfälschen kann. Das heißt, gerade die tatsächlich beobachteten Daten können zu falschen Folgerungen führen.

Das ist von erheblicher Bedeutung für unser Thema der Verdichtung. Im Traum sehen wir uns der Verdichtung latenter Gedanken, Erinnerungen und Erfahrungen gegenüber. Durch die Erkundung der latenten Gedanken heben wir einen Teil einer zusammenhängenden Kette von Phantasien, Erfahrungen und Emotionen ins Bewußtsein. Das Hervorlocken von Erinnerungen und Emotionen in das tatsächliche Erleben während der Analyse rückt auch die falschen Schlüsse, die wir einmal gezogen haben, und damit jene realen Fakten ins Bewußtsein, die wir nicht wissen oder nicht akzeptieren konnten. Das heißt, das Ich erfährt eine Erweiterung seiner Grenzen, was wiederum zur Folge hat, daß der unbewußte Mechanismus der Verdichtung auf einen weiter gefaßten Erfahrungsbereich einwirken kann und daß mithin unsere geistigen Aktivitäten weniger stark unter dem Einfluß einer subjektiven Datenauswahl stehen, wir uns also nicht zu hastigen Formulierungen gedrängt sehen, denn wir stehen dann nicht unter dem Diktat unserer unbewußten Wünsche und Befürchtungen.

Verschiebung

Verschiebung kommt dadurch zustande, daß im manifesten Trauminhalt ein Element in den Vordergrund des Interesses gerückt wird, welches sich als von allergeringster Bedeutung erweist, wenn die latenten Gedanken im Zusammenhang mit diesem Traum erkundet werden. Andererseits kann uns eine ganz unbedeutende Einzelheit im manifesten Inhalt zu den bedeutsamsten latenten Gedanken hinführen. Ebenso kann der Affekt im Traum den unwichtigsten Traumgedanken überhaupt begleiten, während Traumgedanken stark affektiver Natur im manifesten Inhalt des Traumes unter Umständen durch Elemente repräsentiert sind, deren affektive Tönung nur schwach ist. Freud (1900) spricht von diesem Phänomen als von der »Umwertung aller psychischen Werte«.

Die Verschiebung erklärt den häufig auftretenden bizarren Effekt eines Traumes, bei dem die Intensität des Affekts nicht mit dem intellektuellen Inhalt in Einklang zu bringen ist.

Ich möchte hier zwei oder drei Träume anführen, um an diesen Beispielen den Mechanismus der Verschiebung zu illustrieren. Ein

Träumer berichtete folgendes: *»Ich befand mich am Strand von X. Offensichtlich war ich im Begriff, schwimmen zu gehen.«* Der Traum hatte einen angenehmen Gefühlston. In der Analyse kamen dem Patienten viele Erinnerungen an den Ort X wieder ins Gedächtnis, und alle diese Erinnerungen kreisten um die Tatsache, daß der Patient ein ausgezeichneter Schwimmer war. Während er von seinen Besuchen in X berichtete, sagte er immer wieder: »X liegt an der Ostseite der Bucht.« Nach der dritten Wiederholung dieser Feststellung frage ich: »Warum sagen Sie immer wieder, daß X an der Ostseite liegt? Kennen Sie auch die Westseite?« Nach einer Pause antwortete er, an der Westseite der Bucht gebe es einen Ort Y, aber er sei noch sehr klein gewesen, als seine Eltern mit ihm nach Y gegangen seien, und habe damals auch noch nicht schwimmen können. Später erfuhr ich noch, daß er im Alter von fünf Jahren zum erstenmal dort gewesen war. Dann erinnerte er sich an eine bedeutsame Tatsache im Zusammenhang mit Y: Zwei menschliche Leichen waren von den Wellen angeschwemmt worden, als er sich gerade am Strand befand.

Die Verschiebung von »West« nach »Ost« bewirkt folgendes: Im manifesten Traum gibt es kein unbehagliches Gefühl, denn der Patient ist ein gewandter Schwimmer und wird nicht ertrinken. Exhibitionismus in der sublimierten Form des Schwimmens ist legitim. Die latenten Gedanken enthüllten störende Erinnerungen an tote Körper. Damals konnte er noch nicht schwimmen. Diese Erinnerungen brachten ihm die Zeit ins Gedächtnis zurück, da er als kleines Kind sein Bett naßgemacht hatte. Die Aggressionsphantasien urethraler Prägung, wie sie mit dem Bettnässen assoziiert waren, wurden schließlich mit der Furcht des Patienten vor dem Ertrinken verbunden.

Im folgenden schildere ich eine andere Art der Verschiebung. Die Träumerin erwachte mit einem Gefühl ausgesprochenen Wohlbehagens, wobei ihr immer wieder die folgende Zeile durch den Kopf ging: *»And give to airy nothings a local habitation and a name«* (»... benennt das luft'ge Nichts und gibt ihm festen Wohnsitz«, aus Shakespeares »Sommernachtstraum«; Anm. d. Übers.). Endgültig wach, dachte sie einige Minuten lang über dieses Zitat nach und erkannte dann die zugehörigen latenten Gedanken: Der »feste

Wohnsitz« war der Anus, und das »luftige Nichts« waren »Winde«. Die affektive Erinnerung während der Analyse aber lag auf dem Wort »fart« (Furz), und dieses Wort auszusprechen verursachte ihr soviel Scham wie die zuvor zitierten Worte ihr Freude bereitet hatten. Diese Art der Verschiebung wird in der Poetik als »Euphemismus« bezeichnet. Die weitergehende Analyse des Wortes »fart« führte uns dann zu einer noch früheren Verschiebung. Die Patientin erinnerte sich, daß sie als fünfjähriges Kind ihrer Mutter vor dem Schlafengehen immer laut das Vaterunser aufgesagt hatte. Einmal unterbrach die Mutter sie und sagte, sie solle bestimmte Worte noch einmal wiederholen. Das Kind wiederholte »Our Father which *chart* in heaven« und hörte von der Mutter, daß das falsch sei, fand aber die richtige Fassung »Our Father which *art*...« völlig unverständlich. In der Analyse rief das Wort »chart« (Tafel, Tabelle) Erinnerungen an die Notenschrift hervor, die auf eine lange Rolle aufgedruckt war, welche die Kinder im Musikunterricht vor sich liegen hatten. Es handelte sich also um die *music-chart* (Notentafel), an die das Kind bei seinem Gebet dachte. Das Wort »art« (bist) sagte ihm überhaupt nichts. Die Analyse zeigte nun: Das Vorsetzen des *ch* vor *art*, um so zu *chart* zu gelangen, einem Wort, das sie verstand, war auch eine Art der Abwehr gegen den Gedanken an das verbotene Wort *fart* und die damit einhergehenden Vorstellungen. Das Wort, welches die Patientin lieferte, nämlich *chart*, mit dem Sinngehalt von Singen, ist ein Beispiel für die »Wiederkehr des verdrängten Materials«, ein sublimiertes Interesse am Klang.

Einer anderen Patientin verdanke ich die folgende interessante Erfahrung: Sie wachte sehr plötzlich aus einem Traum auf.

»Ich stand auf der Straße und schaute zu einem geöffneten Fenster hinauf, an dem eine Frau lehnte. Ich konnte nur ihren Kopf, die Schultern und den oberen Teil ihres Körpers sehen, der vollständig bekleidet war.«

Die Patientin, mit der Traumtheorie bereits vertraut, interessierte sich für den Umstand, daß sie so plötzlich erwacht war, und dachte: Was kann in einem solchen Traum denn enthalten sein, das mich aufwachen läßt? Sie schlief wieder ein und wachte ein zweites Mal ganz plötzlich auf. Dieses Mal hatte sie weitergeträumt, daß sie sich in dem Zimmer befände, in dem auch die Frau war, die sie in ihrem ersten Traum von der Straße aus am Fenster hatte stehen sehen. Die Träumerin, jetzt wieder ein Kind, saß auf dem Fußboden, blickte nach oben und sah nun nicht Kopf, Schultern und Gesicht der Frau, sondern ihren Rücken, und nun war der Körper nackt – eine verdrängte Erinnerung an eine Schlafzimmerszene aus ihrer frühen Kindheit. Die räumliche Verschiebung ist hier, durch die Umkehrung im ersten Traum, ganz deutlich dargetan.

Im zweiten Traum wird die Verschiebung durch die beiden Methoden erreicht, die ich schon erläutert habe, als von den Sprachfiguren Metonymie und Synekdoche die Rede war. Bei der Metonymie repräsentiert ein assoziierter Gedanke das Ding selbst.

Ein Patient träumte, *daß er mit »bowls« (Schüsseln, Näpfen) spielte*. Der Sinn des Spiels wurde aufgedeckt durch die Assoziation von Schüsseln mit Porridge, die Form der Schüsseln ließ dann an den mit Wasser und Kot gefüllten Nachttopf des kleinen Kindes denken. Der gleiche Mechanismus ist schon anhand des Traumes aufgezeigt worden, in welchem die Träumerin sich wegen des schieferfarbenen Teints des neugeborenen Kindes Sorgen machte. Die »schiefrige« Farbe war ein Attribut, das für die Schieferplatten selbst stand und im Traum eine Verschiebung von der eigentlichen Sache weg bewirkte, vom schiefernen Grabstein nämlich, mit dem der wirkliche Affekt assoziiert war.

Wir kommen jetzt zu einem Traum, in dem ein starker Affekt deutlich wird, der mit einem scheinbar unwichtigen Element verknüpft ist. Die Patientin träumte, daß sie *»einen ganz gewöhnlichen, schwarzgepunkteten Frauenschleier«* sah, der *»über ein Knie gezogen war«*. Sie erwachte mit dem Gefühl unbeschreiblichen Grauens und Abscheus vor dem Schleier, und der manifeste Inhalt flößte ihr einen solchen Schrecken ein, daß es einige Zeit dauerte, bevor sie sich überwinden konnte, darüber zu sprechen. Die grauenvollen Phantasien waren, wie sich dann herausstellte, gar nicht mit dem Schleier, sondern mit dem verknüpft, was unter dem Schleier lag. Die erste Serie der Erinnerungen betraf die Beine ihrer Mutter, an denen sie Gummistrümpfe gesehen hatte, und ihre schreckliche Furcht, diese angeschwollenen Beine könnten bersten. Wichtig ist hier, daß der Affekt auf die Umhüllung verschoben wird, statt sich auf den Gegenstand selbst zu richten.

Nun folgt ein Traum, der angenehme Affekte auslöste. Der Grund dafür lag in gewissen gelungenen Verschiebungen sowie darin, daß eine unglückliche Erinnerung von einer glücklichen überlagert worden war. Der Traum lautete:

»Wach auf, wach auf, wach auf. Dies ist der Fluß Moldau. Hier lebte König Wenzeslaus, und dies ist der Kirschbaum, der in Charles Dickens' Garten stand.«

Der »Kirschbaum« ist ein Beispiel für Verschiebung. Die Patientin erinnerte sich, gerade in einem Kirschbaum geschaukelt zu haben, als man ihr sagte, daß sie eine kleine Schwester bekommen habe. Das »*Wach auf, wach auf, wach auf*« vereinte in sich böse und gute Erinnerungen, nämlich zum einen daran, daß man sie nachts geweckt hatte, um sie auf das Töpfchen zu setzen, zum anderen daran, wie schön es gewesen war, am Weihnachtsmorgen aufzuwachen und die Geschenke vorzufinden. Von der Geschichte vom König Wenzeslaus wußte die Patientin noch, daß ein König auf die Reise gegangen war und Geschenke für die Armen mitgenommen hatte. Sie sprach dann von Dickens' »Weihnachtsabend«, in dem ein Geizhals plötzlich wie umgewandelt ist und bedürftige Menschen großzügig beschenkt. Von der Weihnachtsgeschichte selbst fiel ihr ein, daß das Kind Christus der demütigen Jungfrau Maria geschenkt worden war. Damit tauchte der Traumwunsch auf: die Hoffnung, ein Kind geschenkt zu bekommen. Tieferliegende urethrale Phantasien und Körpersensationen wurden angesprochen, aber in dieser bestimmten Sitzung nicht näher erkundet. Sie deuteten sich in den Assoziationen an, welche die Patientin zum Stichwort »Moldaufluß« lieferte. Das Wort ließ sie nacheinander an »mould« (Gußform), »iron-mould« (Rostfleck) und schließlich an den Fleck (stain) denken, der auf der Matratze zurückblieb, wenn Urin in sie eingesickert war.

Verschiebung kann auch dadurch bewirkt werden, daß der Teil an die Stelle des Ganzen tritt – eine Methode, die wir auch als die rhetorische Figur der Synekdoche kennen. Eine Patientin träumte:

Es herrschte große Aufregung, weil ein Baby erwartet wurde. Sie wußte, daß die entsprechenden Kleidungsstücke hergerichtet wurden. Auch sie wollte ein Geschenk machen und legte ein Paar Wollschühchen in die Schublade mit den bereitliegenden Babysachen.

Dieser Traum enthielt natürlich Erinnerungen und Mutmaßungen im Zusammenhang mit den Vorbereitungen, die für die Geburt des geschwisterlichen Rivalen in ihrem Elternhaus getroffen worden waren, als die Patientin ein kleines Kind war. Die erste Bedeutung des Traumes zeigte sich, als sie sich erinnerte, daß sie ihrem kleinen Bruder dessen rote Schühchen zurückgegeben hatte, die sie ihm geneidet und deshalb weggenommen hatte. Dann folgte die Aufdekkung des Penisneides und des Wunsches, dem Bruder das Glied wegzunehmen. Schließlich hatten wir Grund anzunehmen, daß sie wegen der Schwangerschaft ihrer Mutter wütend war und es sie danach verlangte, ihr das Baby aus dem Körper wegzunehmen. Wir sehen in dem Traum den Mechanismus, der den Teil für das Ganze setzt und die assoziierten Gegenstände »das Ding selbst« repräsentieren läßt – beispielsweise Schuhe anstelle der Füße, Schuhe anstelle des Penis und schließlich Schuhe an der Stelle des ganzen Kindes. Der manifeste Trauminhalt – das Zurückgeben einer Sache – deckt den zugrundeliegenden Wunsch auf, der Mutter das Kind wegzunehmen. Ich gebe hier keine vollständige Deutung des Traumes, sondern erläutere nur die Stufe, die wir im Verlaufe einer Sitzung erreichten.

Verschiebung, die durch Umkehrung zustande kommt, habe ich anhand des Traumes von der Frau illustriert, die von der Straße her am Fenster sichtbar war; allerdings sind nicht alle Träumer so entgegenkommend, auch noch einen zweiten Traum zu produzieren, in welchem dann die Wahrheit geliefert wird, und manche dieser »Umkehrungsträume« sind recht schwierig zu erhellen.

Umkehrung kommt häufig durch einen Kunstgriff der Art zustande, daß ein Vorfall so dargestellt ist, als habe er sich »draußen« abgespielt, obwohl doch alle zugehörigen Assoziationen uns zu dem Schluß führen, jenes Geschehen müsse seinen Ort »drinnen« gehabt haben. »Oben« bedeutet oft eine Verschiebung von »unten«, »über« eine Verschiebung von »unter«. Der Traum, in dem es um den »Kopf eines Walrosses« ging und auf den ich im Zusammenhang mit den Assoziationen über die Gefahren von Wind und Wasser bei der Seefahrt hingewiesen habe, deutete eine Phantasie an, der es letztlich gar nicht um den Kopf, sondern um die unteren Körperöffnungen ging – daher also *»figure-head«* (Galionsfigur). Auch hier hat zwar der manifeste Inhalt die äußere Erscheinung des »Kopfes« geliefert, aber die eigentlichen, affektiv besetzten latenten Gedanken kreisten um das Innere, nicht um das Äußere. In diesem Beispiel stellte die äußere Realität – die stürmische und gefährliche See – das Gegenstück zu den Angstphantasien über das gefährliche Innere des Körpers.

Träume der folgenden Art zeigen eine interessante Form der Verschiebung:

»Ich stieg ein paar Stufen an der Außenseite eines Gebäudes hinauf, und während ich so stieg, war ich in unmittelbarer Gefahr hinunterzufallen, denn die Stufen fingen an nachzugeben.«

Die Bedeutung eines solchen Traumes ist ziemlich offenkundig: Wir haben es mit Symbolen für Masturbation, Erektion und anschließende sexuelle Entspannung zu tun. Er kann allerdings auch tatsächliche Erfahrungen des kleinen Kindes wiedergeben, das gerade mit Klettern beschäftigt war, als aus seinem Körperinnern etwas »herunterfiel«.

In den Träumen von Patienten, für die das Problem der unterdrückten Homosexualität von großer Bedeutung ist, können solche Umkehrungen sehr kompliziert aufgebaut sein und sind dann im manifesten Trauminhalt gar nicht deutlich zu erkennen. Ein solcher Traum lautete:

»Ich unterhielt mich mit einer Frau, die mir erzählte, sie habe ein illegitimes Kind von einem Mann namens Hughes, und mich fragte, ob ich noch immer bereit sei, sie zu heiraten.«

Der manifeste Inhalt impliziert, daß der Träumer, ein Mann, der Liebhaber der Frau war, die ihm ein uneheliches Kind geboren hatte. Ein Hinweis auf dieses komplizierte Traumproblem kam in der ersten Viertelstunde der Sitzung in Form der wiederholten Anspielung auf Männer, die irgendwelche Theorien »auf den Kopf gestellt« hatten; beispielsweise hatte »Epstein die alten Konzeptionen von Kunst auf den Kopf gestellt«. Die konkrete Bedeutung des Wortes »Konzeptionen«, verbunden mit der Redewendung »auf den Kopf gestellt«, führte sogleich zu einer latenten Phantasie über die Steißgeburt. Meine Deutung von »Hughes« als »whose« (wessen) führte zu der unbewußten Phantasie von der eigenen nichtehelichen Geburt des Träumers, denn er ist »Hughes« in diesem Traum. Im realen Leben hat dieser Mann ein feines Ohr, und deshalb setzte er dieser Deutung, daß es sich um ein unbewußtes Wortspiel handle, heftigen Widerstand entgegen.

Der folgende Traum ist ein Beispiel dafür, daß viele schmerzliche Erfahrungen ihre Verdichtung in einer einfachen Verschiebung gefunden haben: *»Ich gab dem alten Doktor X eine Kugel aus Silberpapier.«* Das Silberpapier erinnerte den Patienten an die Verpakkung von Schokolade. Seine Mutter aß immer die ganze Schokolade auf, und dem Kind blieb das Einwickelpapier, das es sorgfältig aufhob. Dr. X hatte den Jungen von dessen Geburt an ärztlich betreut. Er hatte ihn beschnitten und ihm noch vor dem fünften Lebensjahr die großen und die kleinen Mandeln herausgenommen. Während er dem Kind vor der Mandeloperation das Betäubungsmittel verabreichte, sagte er zu ihm: »Ich gebe dir jetzt etwas ganz Feines zu riechen.« Aber dem Jungen wurde übel, und er bekam Atembeschwerden. Als er als ganz junger Mann einmal den Zahnarzt aufsuchen mußte, überreichte er ihm ein kleines Päckchen und sagte: »Hier ist eine Zigarre für Sie.« Der Zahnarzt nahm das Päckchen und stellte fest, daß die »Zigarre« sich zusammenklappen ließ. »Stellen Sie sich vor«, sagte der Patient, »ich gab ihm eine Attrappe, und er glaubte, es handle sich um ein wirkliches Geschenk!«

Symbolisierung

Das am häufigsten angewandte Mittel, latente Gedanken zu entstellen oder zu verzerren, ist das ihrer Symbolisierung. Der Unterschied zwischen jener allgemeinen Symbolisierung, die ich anhand von rhetorischen Figuren erläutert habe, und der Symbolisierung im strengen Sinne des Wortes, wie sie in der psychoanalytischen Theorie verstanden wird, besteht darin, daß bei letzterer die eine Seite der Gleichung sich im Unbewußten befindet. Ein Simile sagt deutlich: *Dies* ist gleich *dem*; eine Metapher ist eine identische Gleichung mit zwei bekannten Größen; aber um die Symbolik des Unbewußten zu verstehen, muß man das verdrängte Äquivalent suchen.

Die psychoanalytische Erfahrung hat gezeigt, daß diejenigen Denkinhalte, die symbolisiert werden, die fundamentalen Faktoren unseres Daseins betreffen – den Körper, das Leben, den Tod, die Fortpflanzung. Diese für uns und die Familie, der wir zugehören, als Grundtatsachen zu bezeichnenden Faktoren behalten unser ganzes Leben hindurch ihre ursprüngliche Bedeutung, und von ihnen fließt allem abgeleiteten Denken Energie zu.

Symbolisierung erfolgt nur in einer Richtung, nämlich vom Unbewußten her, wobei die Symbole für die verdrängten unbewußten Inhalte stehen.

Rank und Sachs (1965) äußern sich zur Symbolisierung wie folgt: »Das Prävalieren der sexuellen Symbolbedeutungen erklärt sich aber nicht nur aus der individuellen Erfahrung, daß kein Trieb in dem Maße der kulturellen Unterdrückung unterworfen (...) ist wie der (...) Sexualtrieb, dessen psychischer Bereich, das Erotische, daher in weitem Umfang der indirekten Darstellung fähig und bedürftig ist. (Eine weit größere Bedeutung) für die Genese der Symbolik hat die Tatsache, daß den Geschlechtsorganen und -funktionen in primitiven Kulturen eine (für unsere Begriffe) ganz ungeheure Wichtigkeit beigelegt war.« Damit ist gesagt, daß die Symbolik ihre Basis in der Evolution des Menschen hat.

Die Variation in der Bedeutung der Symbole ist außerordentlich gering. Auf ganz unterschiedlichen Gebieten der Symbolik läßt sich eine auffallende Konstanz beobachten – man denke nur an die Mythen aus weit voneinander entfernt liegenden Ländern.

Ernest Jones ist der Meinung, daß Symbolik jeweils aus dem individuellen Material heraus neu geschaffen werden muß und daß die Tatsache der Wiederkehr immer der gleichen Symbole sich durch die immerwährenden fundamentalen Interessen der Menschheit erklärt. Der einzelne Mensch hat die Wahl unter einer Anzahl möglicher Symbole oder kann, wie Freud zeigte, einen Gedanken durch ein Symbol darstellen, das zuvor noch nicht benutzt worden ist.

Was in England als Echo auf die Forschungen von Melanie Klein inzwischen an intensiver Arbeit mit Kindern geleistet worden ist, bestätigt ausnahmslos die Richtigkeit der Ansichten von Jones (1961), die aus einer Zeit stammen, da entsprechende Forschungen noch längst nicht möglich waren. Jeder Mensch schafft sich seine Symbole von neuem, und diese von ihm eingeführten Symbole sind nicht von seiner Umgebung zu trennen (etwa Schiffe für den Seemann, der Pflug für den Bauern, das Flugzeug und die Stinkbombe für den modernen Städter). Was es mit der Symbolik in dieser Hinsicht wirklich auf sich hat, wurde mir vor Jahren einmal in sehr einfacher Weise von einer vierzehnjährigen Schülerin bestätigt, die einen Aufsatz mit dem Titel »Märchen« zu schreiben hatte. Sie beendete ihn mit den Worten: »Wenn alle Märchen in der ganzen Welt morgen zerstört würden, so wäre das nicht weiter von Bedeutung, denn in den Herzen der Kinder entstehen sie ewig neu.«

Ich möchte eine Reihe von Beispielen für derartige individuelle Symbole anführen. In den Assoziationen eines meiner Patienten kam überaus häufig ein Fischteich vor – sein wichtigstes Mittel der symbolischen Darstellung. Die Fische selbst, die Tätigkeit des Fischens, die verschiedenen Methoden des Fischfangs wurden sämtlich in den Dienst der Symbolisierung gestellt. Fische repräsentierten je nach Bedarf bald Kot, bald Kinder, dann wieder den Penis. Der Patient hatte Kindheit und Jugendjahre auf einem Gut verlebt, zu welchem ein großer Fischteich gehörte. Ein anderer Patient verlor sich in einer Fülle von Vorstellungen, die alle mit Segelschiffen zu tun hatten. Als Kind und Heranwachsender hatte er immer wieder lange Zeitspannen an der See verbracht, und im Rahmen seiner Analyse bildeten Schiffe das wichtigste Symbol.

Eine weitere individuelle Symbolik, die mir begegnet ist, galt dem Webstuhl und dem Weberschiffchen. Der große viereckige Webstuhl war das Bett, das hin- und herfliegende Schiffchen der Penis, der Faden war der Samen, die Herstellung des Stoffes aus dem Faden bedeutete das Kind. Dieses ganz besondere und eigene Symbol hatte die Patientin bereits im ersten Jahr ihres Lebens gewählt. Damals war sie mit ihren Eltern zu Besuch bei einer Großtante auf dem Land gewesen; Vater, Mutter und Kind schliefen in einem Himmelbett. Zu diesem Zeitpunkt und auch in der späteren Kindheit hatte sie viele Male Gelegenheit, die Seidenwebstühle in jener Gegend zu beobachten. Die Patientin erinnerte sich, daß sie als Heranwachsende von dem raschen Hin- und Herflitzen des Schiffchens fasziniert gewesen war. Der Mann am Webstuhl, der sich über seine Arbeit beugte und das Schiffchen hin- und herschießen ließ, übernahm in ihrer Vorstellung den Sinn und die Bedeutung von Szenen, deren Zeugin sie als ganz kleines Kind in dem Himmelbett gewesen war.

Auch hatten in diesem Fall solche Dinge wie Faden, Seide, Baumwolle, Schnur eine so herausragende Bedeutung, wie ich dies bei keinem anderen Patienten jemals wieder beobachtet habe. Schnur bildete das Thema der wiederkehrenden Alpträume, unter denen die Patientin als Kind und Heranwachsende litt. Fäden sind ein sehr verbreitetes Symbol für Milch, Wasser und Samen, aber daß sie in einer Analyse eine so ausschließliche Verwendung fanden, war meiner Ansicht nach nur möglich, weil die äußere Umgebung der Patientin einen entsprechenden Anreiz geliefert hatte. Es gab keinen Handgriff oder sonstigen Vorgang im Zusammenhang mit dem Weben, der sich nicht als symbolisch für unbewußte Phantasien erwies.

Das Schiffchen symbolisierte den Penis, der vom Schiffchen hin- und hergetragene Faden war der Samen, und das gewebte Material, welches aus der Arbeit des Schiffchens hervorging, symbolisierte das Kind. Das schnappende Geräusch des Fadens im Schiffchen, auf das beim Weben immer eine kurze Pause folgte, symbolisierte die Kastration.

Ein wenig entfernt von dem Haus, in dem einer meiner Patienten geboren und aufgewachsen war, befand sich ein Hügel, der auf halber Höhe ein kleines, aber fest umrissenes Plateau aufwies. Obwohl der Patient erst in seinen späteren Kinderjahren immer wieder bis zu diesem Punkt hinaufgestiegen war, erzählte er mir doch einen Traum, aus dem hervorging, daß er dieses Plateau zum Symbol für den Schoß der Mutter gemacht und ein affektives Geschehen aus seiner frühen Kindheit hierhin verlagert hatte.

Ich hatte einmal ein interessantes Erlebnis im Zusammenhang mit einem Traumsymbol, das einem immer wieder begegnet, nun aber plötzlich neu und echt erschien. Die Träumerin war eine Frau von fünfzig Jahren. Ihr Traum war sehr einfach:

»Ich befand mich in einem Zug, er hielt an einem Bahnsteig, und ich stieg aus, und dann sah ich andere auf dem Bahnsteig, die aus den Waggons ausgestiegen waren. Ich sah sie niemals drinnen, und ich sah sie auch nicht aus- oder einsteigen.«

Im Wachzustand empfand sie Langeweile angesichts dieses Trau-

mes und bemerkte deshalb: »Ich weiß nicht, warum ich von etwas so Uninteressantem träume.« Dann wandte sie sich anderen Themen zu. Etwa nach der Hälfte der Sitzung kam sie »zufällig« auf einen Film zu sprechen, den sie am Abend zuvor im Kino gesehen hatte. Sie war begeistert von Mickymaus und beschrieb mir, wie Micky in das Maul der Giraffe gesprungen war: »Der lange Hals hatte eine Reihe von Fenstern, und man konnte Micky die ganze Zeit sehen, man verlor ihn nie aus den Augen, man sah ihn hineingehen und herauskommen.« Meine Erkenntnis lautete, daß, wenn ein Kind zum erstenmal einen Zug sieht, dies eine neue und aufregende Sache sein muß. Es kommem Menschen heraus, die das Kind nie hat hineingehen sehen. Unter diesen Umständen kann der Zug zum Symbol des menschlichen Körpers werden.
So stereotyp Symbole uns auch erscheinen mögen, sie sprechen doch von einem ganz ursprünglichen Interesse an einer neuen und erregenden Welt, draußen wie drinnen. Mit diesen Beispielen wollte ich die Tatsache untermauern, daß die Wünsche, die symbolisch dargestellt werden, zwar in ihrem Kern immer die gleichen sind, der einzelne Mensch aber dennoch die Möglichkeit hat, sich aus dem individuellen Material ein neues Symbol zu erschaffen.

Dramatisierung

Die beiden Traummechanismen, die ich noch nicht näher beschrieben habe, sind die Dramatisierung und die sekundäre Bearbeitung. Bei der Dramatisierung handelt es sich, grob gesagt, um die Repräsentation einer Handlung oder Situation im manifesten Traum, die von den Traummechanismen aus den latenten Gedanken entwikkelt wird. Ein Film aus sich bewegenden Bildern wird gewissermaßen auf die Mattscheibe in unserem Innern projiziert. Diese Dramatisierung erfolgt in erster Linie durch visuelle Vorstellungsbilder, aber gelegentlich kommt es auch zu auditiven Repräsentationen. Dramatisierung im Traum ist die Umkehrung ins Denken in konkreten Bildern, ähnlich wie wir dies für die Dichtkunst aufgezeigt haben. Der Träumer kann als »er selbst« aktiv am Drama teilhaben; gelegentlich fühlt er sich allerdings mehr als Zuschauer. Wenn er ganz offensichtlich nur Zuschauer ist, dann hat er das subjektive Gefühl, ein außerhalb seiner selbst liegendes Geschehen zu verfolgen. In seinem Bericht von dem Traum spricht er von den Traumfiguren so, als ob sie wirkliche Wesen wären, die im Traum so und so handelten und sprachen. Es ist ihm nicht bewußt, daß der Traum die Schöpfung des Träumenden ist. Melanie Klein (1932) hat darauf hingewiesen, wie stark die Träume von Kindern dem kindlichen Spiel ähneln und daß Kinder in der Analyse Elemente ausagieren, die in ihren Träumen aufgetaucht sind. Im Spiel überwindet das Kind nicht nur die schmerzliche Realität, sondern das Spiel hilft ihm auch, mit der Furcht vor seinen Trieben und den in seinem Innern lauernden Gefahren fertig zu werden, indem es sie in die Außenwelt projiziert.

Die Verschiebung solcher Gefahren auf die Außenwelt versetzt das Kind in die Lage, seine Furcht vor ihnen zu bewältigen, und sorgt dafür, daß es insgesamt besser gegen sie gewappnet ist. Freud spricht vom Traum als dem Hüter des Schlafes. Es drängt sich einem der Gedanke auf, die Dramatisierung im Traum sei der subjektive Versuch der Psyche, Angst zu projizieren und zu überwinden und die Stimuli unter Kontrolle zu bringen.

Das Drama entstammt dem gleichen Material wie der Traum. Wenn wir ein Schauspiel vor dem Hintergrund des Innenlebens seines Verfassers analysieren könnten, dann würden wir wohl feststellen, daß die Handlung und alle an ihr beteiligten Figuren Aspekte seiner selbst sind, Projektionen seiner selbst auf imaginäre Charaktere. Im historischen Drama treten Figuren auf, auf die sich jene Rollen projizieren lassen, die für den innerpsychischen Konflikt des Autors repräsentativ sind. Der Traum ist der Nährboden, aus dem das Kunstwerk entwickelt wird. »We are such stuff as dreams are made of« (Wir sind aus dem Stoff, aus dem die Träume sind). Die Welt der Träume ist eine Bühnenwelt, in der allnächtlich »ein Mensch in seiner Zeit viele Rollen spielt«.

Melanie Klein (1932) hat gezeigt, daß das Kind seinen Traum spielt, ein gewisses Verständnis dafür entwickelt und schließlich Rollen inszeniert. Dem gleichen Zweck dienen in der Arbeit mit erwachsenen Patienten die genaue Erkundung und Analyse des Traumes: Das innere Drama wird objektiviert, sein Schauplatz in die Gegenwart verlegt, und innerhalb des analytischen Umfeldes gehen die verschiedenen Rollen aus dem Drama häufig so schnell vom Analytiker auf den Patienten und vom Patienten auf den Analytiker über, daß auch der beste Verwandlungskünstler nicht mehr mithalten könnte.

Das Drama unterliegt, wie alle Kunst, in seinem Aufbau einengenden Bedingungen. Da ist zunächst der zeitliche Faktor. Es kann sein, daß ein Geschehen, welches auf der Bühne innerhalb von drei Stunden abläuft, sich in Wahrheit über viele Jahre hinziehen würde. Das Drama kann in sich tragisch sein, es kann eine Folge von Katastrophen der fürchterlichsten Art darstellen und doch zugleich als »Kunstwerk« Befriedigung und Beglückung vermitteln. Die Kunst stülpt dem Rohmaterial der Geschichte ihre eigenen Gesetze über, und ihre Hilfsmittel – etwa die Schönheit der Sprache, die metrische Ordnung, die Symmetrie und Ausgewogenheit – bewirken eine einheitliche Schöpfung, innerhalb deren die Mißklänge sich in Harmonie auflösen.

In manchen Träumen haben wir es mit einer Art mißlungenen Dramas zu tun. Die verschiedenen Traummechanismen sind bestrebt, aus dem Rohmaterial der konfligierenden Kräfte, aus Ereignissen, die sich über viele Jahre erstreckt haben, ein Produkt zustande zu bringen, das so etwas wie eine Einheit ist, ähnlich der, wie wir sie in der Sublimierung des Dramas erlangen, also einen Ausgleich zwischen den Kräften, eine Neutralisierung der Affekte zu bewirken. Wenn dieser Ausgleich und diese Neutralisierung nicht erreicht werden, dann hinterläßt der Traum ein unangenehmes Gefühl, oder unsere Angst und Beunruhigung entstellen ihn und wir empfinden das gleiche wie angesichts eines schlecht oder unvollkommen gemachten Dramas, das unsere Gefühle entweder zu schmerzlich aufrührt oder aber sie gar nicht anzusprechen vermag.

Im folgenden möchte ich einige einfache Beispiele für die Dramatisierung anführen und zeigen, daß die verschiedenen Rollen dabei an solche Traumgestalten vergeben werden, welche die miteinander konfligierenden Teile der Psyche darstellen. Eine Patientin träumte, daß *sie mit ihrer jüngeren Schwester vor einem Grab stand. Die Schwester weinte heftig, und die Träumerin warf ihr vor, allzu empfindsam zu sein.* Die Patientin erzählte weiter, das Grab sei von blühenden Seidelbastbüschen (»shrubs of *daphne*«) umgeben gewesen, und da ihre Schwester mit Vornamen Daphne hieß, war es selbstverständlich Daphne, die hier begraben lag. Der verzweifelte Versuch, mit dem Todeswunsch fertig zu werden, wurde in der Gegenwart der Schwester in diesem Traum deutlich. Er zeigte sich auch in dem Bemühen, der Schwester sowohl den Wunsch zu übermitteln, sie möge doch »aus dem Weg« sein als auch, sie in ihrem Schmerz angesichts dieses Wunsches zu beschwichtigen. Der Wunsch erfährt eine weitere Bearbeitung dadurch, daß die Patientin sich mit der jüngeren Schwester identifiziert, denn ihre Assoziationen deckten auf, daß sie sich selbst auch schon übertriebene Empfindsamkeit vorgeworfen hatte, als sie nämlich beim Tod einer ihr nur flüchtig bekannten Schulkameradin übergroße Trauer bekundet hatte. Erinnern wir uns: Die Daphnebüsche blühten prächtig, ein Umstand, der uns in diesem stark überdeterminierten Traum anzeigt, daß auf magische Weise nicht nur der Todeswunsch in Erfüllung gegangen ist, sondern auch der Wunsch, die Schwester wieder zum Leben bringen zu können.

Ein Beispiel von ganz anderer Art ist der folgende Traum eines Patienten:

»Einer meiner Freunde kam zu mir und fragte mich: ›Wie geht es denn eigentlich dem Kakadu?‹ Irgendwie wußte ich, daß mein Freund damit einen Menschen und nicht einen Vogel meinte. Im Traum sagte ich: ›Wen meinst du? Ich verstehe dich nicht.‹ Und er erwiderte: ›Na, deine Analytikerin natürlich.‹ Ich war schockiert und schalt ihn und sagte, daß ich niemals in dieser Weise von meiner Analytikerin spreche oder denke.«

Die weitere Analyse dieses Traumes erbrachte sehr viel bedeutsamere Enthüllungen als nur eben den Hinweis darauf, daß die Analytikerin als Kakadu bezeichnet wurde, aber der Traum, so wie er vor uns steht, zeigt auf einfache Weise nicht nur die Dramatisierung der einzelnen Teile der Psyche als unterschiedlicher Persönlichkeiten, er zeigt auch einen geschickten Weg, das Triebbedürfnis und zugleich die Zensur auszudrücken.

Im Verlauf der Analyse, welche die unterdrückten Erinnerungen und Phantasien ans Licht bringt, wird der Traum dem Analytiker und dem Patienten jene Rollen aktiv zuweisen, die dem jeweils aktuellen Konflikt entsprechen. Auf eine erste Interpretation von Masturbationsphantasien können beispielsweise Träume folgen, in denen der Patient eine andere Person (den verkleideten Analytiker) heftig zurechtweist, weil sie von verbotenen Dingen spricht. Hier sind die Rollen von Es und Über-Ich umgekehrt worden: Der Patient übernimmt die Tätigkeit des Über-Ichs, und der Analytiker stellt die verbotenen sexuellen Aktivitäten dar.

Einer der interessantesten und obskursten von allen Träumen, die mir berichtet worden sind, zeigt auf sehr anschauliche Weise, daß in der Dramatisierung der Versuch enthalten ist, durch Projektion zur Kontrolle über die Traumreize zu gelangen oder zurückzugelangen. Freud (1920) spricht im Zusammenhang mit der Herkunft der Projektion von einer »Richtung des Verhaltens gegen solche innere Erregung, welche allzu große Unlustvermehrung herbeiführen. Es wird sich die Neigung ergeben, sie so zu behandeln, als ob sie nicht von innen, sondern von außen her einwirkten, um die Abwehrmittel des Reizschutzes gegen sie in Anwendung bringen zu können.« Zwei Träume, die mir ein erwachsener Patient erzählte, beschäftigten sich mit einem *Haus, das weiter unten an der Straße lag, in der auch er wohnte.* In seinem Traum empfand er Angst und Beunruhigung wegen der *Geschehnisse in jenem abgelegenen oberen Zimmer. Er glaubte, ein Weinen zu hören.* Aus den Assoziationen, die der Traum hervorrief, und der Tatsache, daß der Patient gelegentlich unerwartete Sensationen im Ohr hatte, schloß ich, daß dieser Traum die Projektion eines traumatischen Geschehens auf ein anderes Haus war, eines Geschehens, an welches der Patient sich im Grunde nicht erinnern konnte, nämlich daß er als ganz kleines Kind am Ohr operiert worden war. In seinem Traum nun fand das Geschehen außerhalb seiner Person statt, das Weinen einer anderen, außenstehenden Person drang an sein Ohr. Aber die tatsächliche Sensation im Ohr während der Sitzung und die dramatischen Handbewegungen, die der Patient machte, als er sagte: »Ich habe das Gefühl, daß ich sagen möchte: Geh weg, geh weg!«, überzeugten mich davon, daß wir die Repräsentation eines Traumas aus seiner frühen Kindheit erreicht hatten, obwohl er sich nicht wirklich daran erinnerte.

Die sekundäre Bearbeitung

Hier handelt es sich um ein an der Traumbildung beteiligtes Moment, das aus den mannigfaltigen latenten Gedanken eine folgerichtige und zusammenhängende Geschichte macht. Dieses Moment unterscheidet sich von den übrigen traumbildenden Mechanismen dadurch, daß es einer bewußteren geistigen Ebene entspringt. Die latenten Gedanken und Wünsche, welche durch die Prozesse der Verdichtung, Verschiebung und Symbolisierung verschleiert sind, werden durch eine mentale Aktivität, die näher an der Bewußtheit angesiedelt ist, so umgeformt, daß sie schließlich das An- und Aussehen einer logischen Geschichte erhalten. Darüber hinaus stoßen die Traumgedanken im Bereich des Vorbewußten auf Material, das sich gut dazu eignet, die zensierende Instanz noch zu umgehen, bevor der Traum ins Bewußtsein gelangt.

Ich möchte dafür zwei Beispiele anführen. Der Leser wird sich erinnern, daß ich von einer Patientin sprach, die mit großem Wohlbehagen erwachte und zu sich selber sagte: »And give to airy nothings a local habitation and a name.« Sie konnte sich an keinen Traum erinnern, denn die latenten Traumgedanken hatten im Vorbewußten ein geeignetes Vehikel in Form des dort aufbewahrten poetischen Fragments gefunden. Die freien Assoziationen, die sie über dieses Fragment anstellte, als hätte es sich dabei um einen Traum gehandelt, enthüllten dann rasch die latenten Gedanken, mit denen ein weniger angenehmer Affekt verbunden war.

In einem anderen Traum ging es um einen »Hexenmeister«. Das vorbewußte Material, welches die latenten Traumgedanken sich zunutze machten, bestand aus Erinnerungen an Märchen über Zauberer, die das Kind einst gelesen hatte, und an die darin enthaltenen Bilder. Es war leicht für den Patienten, mir die Einzelheiten dieser Geschichte wiederzugeben, aber es fiel ihm sehr schwer, mir die Assoziation »bogy« (Teufel, Satan, Kobold, Schreckgespenst, Buhmann, schwarzer Mann) zu nennen, die ihm in den Sinn kam, denn sie erinnerte ihn an einen Vorfall am Abend zuvor, den er lieber vergessen hätte. Schließlich erbrachte die Assoziation »bogy« dann Phantasien, die um seinen Vater kreisten. Der Traum, von dem ich am Anfang dieses Kapitels berichtete und der mit den Worten begann: »Wach auf, wach auf, dies ist der Fluß Moldau; hier lebte König Wenzeslaus, und dies ist der Kirschbaum, der in Charles Dikkens' Garten stand«, ist vom Standpunkt der sekundären Bearbeitung interessant. Die scheinbare Stimmigkeit ist soeben erst erreicht worden, und die disparaten Elemente lassen sich leicht aufdekken.

Sekundäre Bearbeitung ist der Versuch, den Traum in Einklang mit den bewußten mentalen Prozessen zu bringen, ihn zu modifizieren, verständlich und für das Bewußtsein akzeptabel zu machen. Ernest Jones (1961) sieht einen engen Zusammenhang zwischen der sekundären Bearbeitung und dem Prozeß, den wir als Rationalisierung bezeichnen.

Die sekundäre Bearbeitung eines Traumes, das Zusammenfügen disparater Elemente zu einem folgerichtigen Ganzen ist die im Unbewußten bewirkte Analogie zu jener Aktivität, die sich im Geist des schöpferisch tätigen Menschen in größerer Nähe zur Bewußtheit abspielt. Der Künstler hat *bewußt* teil an der psychischen Aktivität, die ihren vollendeten Ausdruck in einem Werk seiner Kunst findet. Die sekundäre Bearbeitung des Traumes erfolgt unterhalb der bewußten Ebene. Das bewußte Ich hat keinen Teil an ihr.

Andrew da Passano

Träume

Es ist leicht zu sagen »Wach auf«, aber ist nicht das Leben ein Traum? Und außerdem... was folgt, wenn wir erwachen? Und Träume... was sind Träume eigentlich? Im Spanischen gibt es einen Spruch: »Träume sind nur Träume.« Das erklärt nichts, es zeigt uns nur, wie oberflächlich unsere Vorstellung von »Traum« ist und wie sehr sich die meisten Menschen vor dieser Dimension fürchten. Es ist, als ob man sagen würde: »Was ist der Ozean? Ganz einfach eine riesengroße Wasserfläche, deren Ende man nicht sehen kann.«

Wir wollen uns also am Rande dieses Ozeans, der Traumwelt, niedersetzen. Es ist kein Strand, sondern ein Abgrund, in dem wir keinen Boden sehen. Es ist eine ehrfurchtgebietende Unermeßlichkeit, in der wir einen großen Teil unseres Lebens verbringen und wo wir ganz plötzlich feststellen müssen, daß wir unsere Position nicht fixieren können. Wenn wir uns in diese Frage vertiefen, so werden wir alsbald Teil eines Traumes. Er wird von der ganzen Menschheit, aber auch von unseren kleinen Brüdern und Schwestern, den Tieren, geträumt. Wir beginnen, uns auf die schweigsame, unermeßliche Welt der Pflanzen einzustellen, die ihr ganzes Leben im Traum verbringen. Und schließlich fragen wir uns, ob unsere alltäglichen Probleme und unsere Lebenswirklichkeit der Traum von irgend jemand anders ist, vielleicht auch sein oder ihr Alptraum. An diesem Punkt versuchen wir verzweifelt, eine Realität zu erkennen, und wir entdecken, daß dieses Reich mit all seinen Schmerzen und Freuden voll und ganz relativ ist. Wir erkennen, daß unsere größten Leistungen und Tragödien jeglichen Wert verlieren, wenn wir von einer Realität zur anderen, vielleicht auch von einem Traum zum anderen überwechseln.

Haben Sie bemerkt, daß Ihre Wirklichkeit sich unablässig und unmerklich verändert... daß sich Einsamkeit in Liebe verwandelt, Armut in Reichtum... oder umgekehrt? Wir versuchen, uns an unsere physische Welt zu klammern, denn wir haben eine Sucht nach Wirklichkeit. Aber wo ist sie denn fest und verläßlich? Wo ist sie objektiv? Empfinden oder sehen wir mit 70 so aus, wie wir mit 16 empfunden oder ausgesehen haben? Haben wir immer noch dasselbe Interesse an denselben »wirklichen« Dingen um uns? Empfinden wir nicht die Verlagerung in die Träume? Träumen, planen wir nicht unsere Zukunft, die sich dann anders einstellt, als wir sie erträumt haben? Wo in unserem Leben können wir unsere Füße auf den Boden setzen und sagen: »Das ist Wirklichkeit, alles andere Traum.« Ist es dann, wenn wir glücklich sind und dieses Glück ausdehnen möchten, oder wenn wir verzweifelt sind und den Kopf gegen die Balken unserer Verzweiflung schlagen?
Aber schauen Sie es einmal von der *anderen* Seite, der Traumseite an. Läuft es dort nicht genauso ab? Verschwindet nicht unsere tägliche Wirklichkeit fast vollständig in unseren Alpträumen? Nur das Gefühl, noch immer »selbst« zu sein, zieht sich durch den Schmerz des Alptraums. Wo ist während dieser Zeit unser Haus, unsere Familie, unsere Arbeit und all die Einzelheiten, die unser tägliches Leben erfüllen?
Das möchte ich nun erklären: Das Problem liegt im *Zustand der Passivität*, in dem wir uns wiederfinden, wenn wir (meist unbewußt) in die Träume gleiten. Wie ein Mensch, der/die in einem stürmischen Meer über die Reling gespült wurde, haben wir nichts mehr, woran wir uns klammern können.
Wir haben das Gefühl, daß wir das Objekt eines merkwürdigen Drehbuches sind.
Aber kehren Sie diese Haltung um, und schon verändert sich die Szenerie. Wie? Es gibt nur einen Weg: Bewußtheit. Wir erlangen Bewußtheit... Die Bewußtheit von diesem »Ich«, das durch einen Wechsel der Wellenlänge in eine andere Realität hineingleitet, sich auf eine andere Realität richtet.
Es ist wie auf dem Fernsehbildschirm: Sobald sie den Kanal wechseln, verschwindet die vorhergehende Szene *voll und ganz* – zuerst eine Kriegsszene, nun eine romantische Liebesszene im Mondlicht –

es ist eine ganz andere Welt. Und das sollten wir gut im Auge behalten.
Vielleicht werden Sie sagen, daß das eine recht profane Art und Weise ist, feine, subtile Dinge zu erklären, aber das ist auch das Wunder des Lebens: die Schönheit, die darin besteht, daß man auf allen Ebenen eine Freiheit des Handelns erreichen kann.
Es gibt keine per se grundlegende Wirklichkeit, es gibt unendlich viele Wirklichkeiten. Wir können sie alle leben, und wir sollten sie alle genießen.
Genauso wie reiche Leute sich neue Häuser kaufen und von einem Land zum anderen übersiedeln, können auch Sie die Realität, die Sie bewohnen wollen, für sich selbst definieren... Nachdem Sie die Fähigkeit erlangt haben, diese Wirklichkeiten kennenzulernen.
Ich möchte Ihnen vorschlagen, daß Sie Ihre Lehrlingszeit mit der *nächsten* Dimension beginnen. Fahren Sie nicht gleich am Anfang zu weit weg. Ihre Traumwelt ist Ihr nächstes Thema.

Schlafen oder wachen?

Zuallererst haben Sie schon einmal bemerkt, daß der Traum bereits »läuft«, wenn Sie in ihn eintreten. Er beginnt nicht damit, daß sie in ihm auftauchen. Niemand heißt Sie in der Show oder auf der Bühne willkommen, niemand wartet im Grunde auf Ihre Ankunft. Es ist eher so, als ob man einen Bus besteigen würde. Jeder Passagier tut das seine oder das ihre, und Sie beschäftigen sich mit dem, was Sie betrifft. Und es wird kein besonderes Zeichen auftauchen, um anzukündigen, daß das jetzt alles aufhört und verschwindet, nur weil Sie wach geworden und aus dem Traum herausgetreten sind.
Je mehr Sie an Ihren Träumen arbeiten, je mehr Sie diese Reise mit Bewußtheit praktizieren, um so näher kommen Sie einem luziden Traumzustand, in dem Sie erkennen, daß Sie die Dimensionen *tatsächlich* gewechselt haben, vor allem, da Sie jetzt imstande sind, sie miteinander zu vergleichen. Und diese Fähigkeit stellt sich ganz natürlich bei Ihnen ein. Der erste Gedanke lautet: »Oh, ich träume... Das ist nicht meine gewohnte Welt.« Und das ist der Beginn einer neuen, wunderbaren Erfahrung und Erkenntnis.

Aber zuerst müssen Sie damit beginnen, *hier* in der Welt Ihrer fünf Sinne und drei Dimensionen zu erwachen. Das ist die Welt, die unser lieber Verstand für uns erbaut hat, es ist die Ebene, wo wir uns jetzt befinden, die Ebene, die wir als unsere Wirklichkeit bezeichnen. Betrügen Sie sich nicht selbst: 90 % der Zeit verbringen Sie in festem Schlaf und Traum, selbst wenn Sie mit einer Geschwindigkeit von 100 km/h auf der Autobahn fahren. Sie sehen, es ist nur ein einziger Unterschied zwischen der sogenannten wirklichen Welt und der Traumwelt. Die erstere scheint eine *Kontinuität* zu besitzen, die ihr Glaubhaftigkeit verleiht. Die andere aber ist schrecklich chaotisch, sie scheint *zusammenhanglos* und viel fluktuierender als unsere Alltagswelt.
Ich möchte Ihnen eine Geschichte erzählen, die diese Situation illustriert. Es gab einmal einen armen Landstreicher, der jede Nacht unter der Louvrebrücke in Paris schlief, wie so viele andere Clochards. Er war so normal, wie diese Art des Lebens es ihm erlaubte. Während des Tages wühlte er in den Abfalltonnen oder genoß die Sonne am Seine-Ufer. Aber eines Nachts setzte eine ganz merkwürdige Erfahrung ein, und sie wiederholte sich mit erstaunlicher Regelmäßigkeit. Sobald er eingeschlafen war, träumte er, daß er der König Ludwig XIII. sei, der dort oben im Louvre residierte.
Als König kam er dann allen Pflichten nach, die seine Position mit sich führte. Aber sobald er sein königliches Haupt auf das königliche Kissen legte, um sich nächtliche Ruhe zu gönnen, öffnete er seine Augen wieder als Clochard und begann einen neuen Tag der Armut und Heimatlosigkeit. Während der ersten Woche war er schrecklich verwirrt. Aber nach einigen Monaten konnte er nicht mehr unterscheiden, ob er tatsächlich ein Landstreicher war, der nur träumte, König zu sein, oder aber ein König, der in seinem Traum Landstreicher war. Das Geheimnis wurde dadurch undurchdringlich, daß die Ereignisse in beiden Rollen logisch und kontinuierlich aufeinanderfolgten, so daß seine beiden Existenzen, von denen die eine dann begann, wenn die andere endete, in sich stimmig waren. Die beiden Leben waren nicht fragmentär wie Träume, sondern kontinuierlich... Und sobald wir *Kontinuität* haben, so halten wir es für Realität. Demnach konnte der arme Kerl in keine der beiden Existenzen den Keil des Zweifels treiben, ohne un-

logisch zu werden. Aber halt! Ist eine Abfolge von Ereignissen notwendigerweise logisch?
Nun, Ereignisse sind für uns die Beziehungen, die wir zwischen dem, was wir wahrnehmen, herstellen. Wir rasen Kopf voraus durchs Leben wie irgendein Raumfahrzeug in einen Asteroidengürtel. Aber nur einige von diesen Asteroiden werden wahrgenommen, die anderen ziehen unbemerkt vorüber. Je nach unserem Reifegrad, unserer Kultur, unserem Interesse und unserem emotionalen Charakter begegnen uns viele oder nur einige wenige Ereignisse. Zum Beispiel wird irgendein Bauer in den Bergen eines wenig entwickelten Landes während seines Lebens nur wenige Dinge bewußt erfahren, ganz im Gegensatz zu einer reichen und schönen Frau, die eine Topmanagerin in einer New Yorker Firma ist.
Als nächstes wollen wir die Essenz dessen betrachten, was wir als logische Ereignisse bezeichnen. Welcher philosophischen Richtung wir auch folgen, immer müssen wir sie durch unser rationales Denken ausdiskutieren. Unser Gehirn kann nicht denken, ohne seinen Gesetzen – oder besser gesagt: Beschränkungen – zu folgen. Wenn es nach dem Verstand geht, so muß alles eine Ursache haben, eine Wirkung erzeugen und irgendeine Art der Dauer haben und schließlich Raum einnehmen.
Jedesmal, wenn irgend etwas geschieht, erwarten wir, eine Ursache zu finden. Und wenn das nicht möglich ist, sind wir unterschwellig noch immer davon überzeugt, daß es doch eine gibt. Vorläufig aber setzen wir an diese Leerstelle ein Symbol... Schicksal, den Willen Gottes oder selbst »Zufall«, den dünnsten und fadenscheinigsten von all diesen Begriffen.
Wir wollen ein reales Beispiel nehmen: Ein Flugzeug startete in New York, nahm in einer anderen Stadt Passagiere auf und nahm Kurs auf Puerto Vallarta an der mexikanischen Küste. Unter den Passagieren war auch ein junges Paar in den Flitterwochen, eine Sportmannschaft und Menschen aus allen möglichen Lebensbereichen mit verschiedenen Interessen, verschieden alt, verschieden begütert, die meisten von ihnen waren auf Urlaubsreise. *Logisch* wäre gewesen, daß mindestens die Hälfte von ihnen dieses Ziel erreichen würde. *Logisch* wäre es gewesen, wenn das junge Liebespaar voller Pläne und Hoffnungen das Hotel erreicht hätte. Aber nein! Das

Flugzeug krachte gegen einen Berg, und alle Insassen starben. Und das soll nun logisch sein? Es ist ganz einfach absurd. Kein Plan in dem Kopf auch nur eines Passagieres hatte dieses schreckliche Ende als logische Folge mit einbezogen. Natürlich dachten die Reisenden, wie auch jeder andere, an das Risiko eines Zusammenpralls oder Absturzes, aber sicherlich nicht als logische Folge all ihrer bisherigen Handlungen.

Wir wollen nun zu der Existenz vielfacher Wirklichkeiten zurückkehren. Alle Dimensionen haben dieselbe Wirkungsweise, die in einem einfachen Aphorismus formuliert werden kann: *Ein Bewußtsein schafft eine Wirklichkeit, die durch seine eigenen Beschränkungen definiert ist, ganz gleichgültig, auf welcher Ebene dieses Bewußtsein entsteht.* Somit wird das Zentrum der bewußten Wahrnehmung zum Fahrzeug, das die Elemente, zu denen es in Beziehung steht, überhaupt erst organisiert.

Erinnern Sie sich an das ungeheure dunkle Feld, das mit irgendwelchen Gegenständen übersät war? Der Scheinwerfer des Bewußtseins bewegt sich darüber hinweg und hebt alles in die bewußte Wahrnehmung, was er berührt. Und während diese Bewußtheit/Wirklichkeit über das dunkle Feld streift, fällt der Rest in Vergessenheit zurück. Tatsächlich existiert im kosmischen Zusammenhang kein Gegenstand wirklich. Aber die *Essenzen* werden in Bewußtsein übersetzt, und relative Felder werden zu kohärenten Wirklichkeiten organisiert.

Ich weiß, daß diese Sicht der Dinge in uns ein Gefühl der Unbehaglichkeit hinterläßt. Wir sind so sehr an die Illusion der Objektivität gewöhnt, daß wir uns ohne sie wie Schulkinder fühlen, die die Mutter zum erstenmal in der Klasse allein gelassen hat. Aber das ist der Beweis dafür, daß wir zu wachsen beginnen. Dies ist der große Unterschied zwischen der materialistischen Weltsicht unserer Urväter, der wir als gehorsame und nicht sehr neugierige Kinder folgten… und unserer ungeheuren Leere, die wir nun auf allen Ebenen unseres sich entwickelnden Bewußtseins zu erkennen haben.

Die Tore zu anderen Dimensionen öffnen

Durch Träume können wir in praktische Berührung mit dem treten, was die theoretische Physik als unsere »Möglichkeiten« bezeichnet. Wir haben mehrere Tore zu der ersten Dimension jenseits der dreidimensionalen Welt, in der wir handeln. Ich möchte einige von ihnen für Sie öffnen, indem ich besondere Techniken angebe: 1. Den nächtlichen Übergang in den Schlaf mit bewußter Wahrnehmung hypnagogischer Bilder, 2. den morgendlichen Austritt aus dem Traumzustand, 3. die Ausdehnung nach jenseits des Alpha-Zustandes wahrend des Tages, zu dem die Psychiatrie keinen Zugang hat. Und natürlich werden noch weitere Möglichkeiten erscheinen, wenn sich das Bewußtsein erweitert.

Hypnagogische Bilder erkennen

Bereiten Sie sich auf Ihre Traumarbeit durch Reinigung vor. Zunächst auf der physischen Ebene, indem Sie Ihre Zähne putzen und Ihre Hände waschen. Dann waschen Sie auch all Ihre Sorgen weg. Sagen Sie sich: »Der Tag ist vorüber. Jedem einzelnen Tag sein Schmerz, seine Sorgen und Klagen. Jetzt ist es vorbei. Ich will es vergessen.« Liegen Sie auf dem Rücken, die Hände ruhen an Ihrer Seite. Atmen Sie langsam dreimal tief durch, um die Lungen zu leeren. Atmen Sie ein, atmen Sie vollständig aus, halten Sie einen Augenblick inne, atmen Sie dann erst wieder ein. Das führt zur Entspannung.

Visualisieren Sie dann eine heitere und schöne Szenerie... einen Sonnenuntergang auf dem Meer, ein Feld voller wilder Blumen, schneebedeckte Berge, Sie können auch ein Gebet, das Sie kennen, hersagen, Ihr Bewußtseinszustand wird steigen, Ihr Gehirn wird sich abkühlen. Ziehen Sie langsam die Energie von Ihren Zehen hinauf bis zum Scheitel, wo sie dann Ihren Körper verläßt. Nun ist es Zeit für Selbstsuggestion. Sagen Sie sich: »Ich werde mich an meine Träume erinnern.« Es genügt nicht zu sagen: »Ich *möchte*«, vielmehr müssen Sie sagen: »Ich *werde*.« Die Erinnerung an Träume ist der erste Schritt zur bewußten Wahrnehmung während des Traumzustandes. Wenn Sie sich an Ihre Träume erinnern, werden Sie mit der Zeit eine Kontinuität erkennen... Sie werden sich an immer mehr erinnern. Um die Selbstsuggestion zu verstärken und die Intention zu festigen, sollten Sie einen roten Kreis visualisieren. In diesem Kreis sehen Sie dann den folgenden Satz in großen schwarzen Buchstaben: »ICH WERDE MICH AN MEINE TRÄUME ERINNERN.« Sehen Sie diesen Satz klar vor sich. Lassen Sie den Kreis dann kleiner und kleiner werden, bis er in einem Punkt hinweggeschwunden ist.

Jetzt können Sie nach dem hypnagogischen Zustand Ausschau halten. Hinter Ihren Augenlidern werden Sie bewegte Bilder sehen. Die Gedanken werden ihre Rationalität verlieren. Und der Witz besteht nun darin: Bevor Sie ganz einschlafen, sollten Sie *sich bewußt werden*, daß Sie in eine andere Dimension hinübergleiten. Beginnen Sie, einen Traum zu beobachten.

Das sollte Ihnen jede Nacht gelingen, sofern Sie nicht aus irgendeinem Grund so ermüdet sind, daß Sie ein vollständiges Blackout erleben. Wenn Sie diesem Prozeß des Hinübergleitens aus dem normalen rationalen Denken zu den nicht-logischen Sequenzen der Traumgedanken folgen, so müssen Sie zugeben, daß entweder die ganze Menschheit jede Nacht verrückt wird oder daß wir in der Tat mit einem anderen Apparat zu denken beginnen.

Diese Behauptung wollen wir nun überprüfen. Wir können uns zu jeder Zeit aus einem Traum zurückziehen und zu unserem normalen Verstandeszustand zurückerwachen, und das beweist, daß wir nicht verrückt werden. Das bedeutet aber notwendigerweise, daß wir tatsächlich mit einem anderen Denkkomplex zu denken beginnen. Träume sind jenseits des rationalen Bewußtseins... Der Verstand kann keine zwei Minuten von diesem unlogischen Zeug akzeptieren, das wir als Traum bezeichnen! Was geschieht also? Wir verlagern unser Bewußtsein auf eine subtilere Ebene, in der wir die astrale Matrix unseres Gehirns verwenden. Und über die mangelnde Logik unserer Träume sind wir gar nicht erstaunt, denn wir verwenden ja den anderen Apparat, das Gehirn mit der astralen Matrix. Wenn Sie nun in die astrale Welt hinübergleiten, so sollten Sie beobachten, wie Sie hinüber- und zurückwechseln. Der Traum beginnt... Der Verstand hat aufgegeben... und schon geht es los.

Die ersten Träume sind Träume einer tieferen Ebene. Sie wissen, daß es eine Luftdecke um die Erde gibt, und deren tiefste Schicht besteht aus Smog und Wolken. In der gleichen Weise beziehen sich die Träume der tiefsten Ebene auf irdische Handlungen... Die höheren Ebenen sind wie die Ionosphäre. Die frühen Träume der Nacht, die aus Bruchstücken der Tageserlebnisse bestehen, gehören zur Smogschicht (viele Menschen glauben irrtümlicherweise, daß alle Träume so sind). Auf die frühen Träume, dem »Müll« tieferer Ebenen, folgt tiefer Schlaf und Blackout. Dann beginnt unser Bewußtsein höhere Ebenen wahrzunehmen. Die Träume, die wir unmittelbar vor dem Erwachen haben, gehören meist zu diesen höhe ren, luzideren Träumen.

Aus dem Traumzustand erwachen

Diese Übung ist äußerst wichtig. Warum? Weil sie Sie zu unmittelbarer Meisterschaft über Trauma des Todes, der Angst und alles dessen führen kann, wenn Sie sie mit vollem Bewußtsein durchführen. Sie wird Sie auch in größter Deutlichkeit mit der unbestreitbaren Tatsache konfrontieren, daß wir zwischen vielen verschiedenen und manchmal auch nicht so verschiedenen Ebenen oder Welten leben, die von autonomen Bewußtseinen wie Ihnen und mir bevölkert sind.

Haben sie jemals den Spruch »Wie oben, so unten« gehört? Genauso wie Sie ohne weiteres von den Vereinigten Staaten nach Tijuana überwechseln können und dort unmittelbar eine andere Sprache, andere Bräuche, aber trotzdem menschliche Wesen finden, so können Sie auch in eine andere Dimension eintreten (oder besser gesagt: sich auf eine andere Dimension einstellen).

Sie können in einer Dimension ankommen, die Sie sich nie vorgestellt haben und die am wenigsten erwarteten Wirklichkeiten erfah ren... Und dazu möchte ich Sie jetzt anleiten.

Bevor Sie morgens Ihre Augen öffnen, werden Sie sich noch immer lebhaft an Ihren letzten Traum erinnern... und das heißt, daß Sie noch immer in ihm sind. Aber gleichzeitig wissen Sie auch, daß Sie jeden Augenblick imstande sind, die Augen zu öffnen, die Ebene zu wechseln und aus dem Bett zu steigen. An diesem Punkt sollten Sie sich nun *nicht bewegen.* Wenn Sie es tun, so wird die Traumszenerie, in der Sie noch immer eingetaucht sind, verschwimmen, wie es mit einem Foto geschieht, daß durch eine Schicht Wasser betrachtet wird... Es wird verschwimmen und verschwinden. Und Sie werden »auf dieser Seite« verbleiben, hellwach... Und Sie werden Ihren Tag beginnen.

Bewegen Sie sich also nicht. Behalten Sie die bewußte Wahrnehmung des Tageslichtes, das durch das Fenster hereindringt, behalten Sie die Empfindung des Gewichtes Ihrer Bettdecke und gleiten Sie in den Traum zurück. Nun wird ein Teil der Schlafzimmerszenerie hinwegdämmern. Behalten Sie aber, wenn möglich, beide Wirklichkeiten im Auge. Gehen Sie dann entschieden in die Traumszene zurück und veranlassen Sie dort eine Veränderung, um Ihre bewußte Kontrolle über den Traum zu beweisen. Tun Sie irgend etwas Drastisches, was Sie an einem öffentlichen Ort niemals tun würden!

Wenn diese Szene beispielsweise ein Restaurant ist, das Sie gerade verlassen wollten, so gehen Sie zurück und stoßen einen Tisch um oder schütten einem Gast die Suppe ins Gesicht. Oder, wenn Ihnen das lieber ist, nehmen Sie einfach irgendein silbernes Besteck an sich und rennen Sie wie ein unbeholfener Dieb aus dem Restaurant auf die Straße. Vielleicht glauben Sie, daß das lustig und leicht klingt, aber Sie werden staunen. Die Figuren in Ihrem Traum sind ein Teil der Szene. Sie haben sie sich nicht »ausgedacht«, wie es in einem Tagtraumerlebnis geschehen würde: Dort können Sie Ihre Figuren alles tun lassen, was Sie wollen. Nein, im Traum gehören sie sich selbst, und sie handeln ganz normal. Sie werden bemerken, daß der Vollzug irgendeiner drastischen Handlung auf der Traumebene ebenso schwierig ist, wie es für Sie hier in einem »wirklichen« Restaurant der Fall wäre. Sie werden Ihren ganzen Mut brauchen... obwohl Sie sich durchaus bewußt sind, daß Sie noch immer im Bett liegen und aus dieser peinlichen Situation willentlich aussteigen können.

Aber warum erfordert es Mut? Normalerweise können wir uns jede beliebige Geschichte ausmalen, können ohne Angst oder sonstige Gefühle zusehen, wie wir darin handeln. Warum nicht in diesem

Fall? Ganz einfach: Diese Traumwelt hat Ihre ganze Persönlichkeit absorbiert... abgesehen von dem physischen Fahrzeug im Bett, das lediglich auf der autonomen Ebene, die vom Kleinhirn gesteuert wird, weiter funktioniert. »Sie«, mit all Ihren Werten sind in der anderen Welt des luziden Traumes, einer Welt, die der unsrigen so nahe ist, daß sie fast einer Fotokopie gleicht. Die meisten unserer sittlichen und gesellschaftlichen Werte gelten auch dort, und deshalb fühlen Sie sich so unbehaglich, wenn Sie irgend etwas Drastisches anstellen. Sie sind wieder in Ihre Ebene eingetreten, und die Leute dort sind genau wie Sie, menschliche Gestalten, nicht Ihre imaginären Figuren... und deshalb können Sie ihre Reaktionen überhaupt nicht vorhersehen. Das Ganze wird nun so wirklich werden, daß es schon fast schrecklich ist, aber da Sie die Wahl haben, im Traum zu verbleiben und unangenehme Folgen auf sich zu nehmen oder einfach die Füße unter den Arm zu nehmen und wegzulaufen... werden Sie jetzt Ihre Augen öffnen, sich umdrehen und die ganze Geschichte mit einem Seufzer der Erleichterung hinweglachen. »Uhhh, es ist vorbei, ich bin wieder bei mir!«

Dieses wichtige Erlebnis wird Sie durch die Unmittelbarkeit Ihrer eigenen Erfahrungen lehren, daß wir in einer Nachbardimension auch Nachbarn haben. Es wird Sie auch lehren, daß Sie diese Welt oder zumindest den Teil, in den Sie eintreten, durch bewußte Wahrnehmung, durch Handlung und Willenskraft verändern können. Und zu guter Letzt wird sie Sie auch lehren, daß der physische Körper für Ihre Existenz nicht unabdingbar ist. Sollte Ihr Herz aus irgendeinem Grund zu schlagen aufgehört haben, während Sie »dort drüben« waren, so hätten Sie Ihre Erfahrung ohne weiteres weiterführen können. In jener Dimension wird Ihnen durch Ihre eigenen Beschränkungen ein physischer Körper geliefert, der dem, der da im Bett liegt, vollkommen gleicht, nur daß er vielleicht gesünder und jünger ist. Mit »geliefert« meine ich natürlich, daß sowohl Sie wie auch Ihre »Nachbarn« sich keine Person ohne Kleider, Körper usw. vorstellen können. Und die Merkmale des Selbstbildes, das Sie projizieren, definieren die Qualität Ihrer Kleidung, ihres Auftretens und Verhaltens. Deshalb »sehen« wir und andere uns oftmals als jünger und strahlender, als wir wirklich sind.

Vielleicht werden Sie fragen: »Wer sind diese Leute?« Schwer zu sagen. Zunächst einmal stellen wir uns auf Wellenlängen unserer eigenen Art ein... Dies wird als *Syntonie* bezeichnet. Diese Schwingungen sind einander sehr ähnlich, so etwa wie eine ganz leichte Drehung des Sendeknopfes am Radio. Und so sind einige von diesen Gestalten menschliche Reisende, die sich in diese Frequenz verirrt haben, so als hätten sie eine Straße mit einer anderen verwechselt. Andere sind vielleicht Menschen, die gestorben sind und ihre Ebene nicht definieren können. Wieder andere sind mentale Formen, die von Autoren geschaffen wurden, Kinofiguren etwa, die den Weg zur Kamera nie zurücklegen konnten, dennoch aber mit emotionaler Energie geladen sind und die Rolle ausagieren, die sie im Bewußtsein des Autors hätten spielen »sollen«. Auf dieser halbastralen Ebene sind sie sehr real.

Wenn Sie mir einen kleinen Exkurs erlauben, so werde ich Ihnen einen interessanten Fall erzählen. Es geschah in einer höchst exklusiven Gruppe von »Geist«-Forschern im Jahre 1925, als diese Art der Forschung sehr populär war. Sie verwendeten ein Medium, das die Gabe besaß, im Trance-Zustand genügend ätherische Energie aus seinem Körper gewissermaßen auszuschwitzen, um damit einer Wesenheit die Möglichkeit zu verleihen, in einem physischen Körper zu erscheinen. (Diese ätherische Energie wird als Ektoplasma bezeichnet. Sie hat ein Gewicht von 9 Gramm und eine sehr tiefe Temperatur, etwa 29 Grad Celsius.) Diese seltenen Erscheinungen materialisieren nicht ihre Beine und Füße, sondern erscheinen (im Zentrum des Kreises, der von den Forschern durch Händehalten gebildet wird) nur etwa bis zur Mitte ihrer Oberschenkel. Und wenn eine solche Erscheinung nicht durch die Stimme des Mediums, sondern unmittelbar kommunizieren will, so muß sie offensichtlich aus dem Ektoplasma, das ihr vom Medium verliehen wurde, eine Luftröhre, einen Gaumen, Zähne und eine Zunge schaffen. Ansonsten könnte sie nur heulen, nicht aber verständlich sprechen.

Nun hatte die Gruppe zu ihrer Genugtuung und als Nervenkitzel bei jeder wöchentlichen Sitzung die Manifestation eines jungen Mannes. Seine Erscheinung war typisch für einen Kranken... Blasse Gesichtszüge, ungekämmtes Haar, und seine Rede wurde ständig durch einen schmerzhaften Husten unterbrochen. Seine Kleidung entstammte mit aller Sicherheit der romantischen Periode um 1830.

Er stellte sich namentlich vor, gab sich als Dichter zu erkennen und erzählte dann im Laufe dieser wöchentlichen Sitzungen die »wahre« Geschichte seines Lebens, seiner Liebe und seines Todes.

Zu dieser Forschungsgruppe gehörte auch mein Meister, Tulio Castellani. Er entschloß sich, diese schmerzenvolle Erscheinung zu überprüfen. Und zur großen Enttäuschung der Spiritisten kam er zu folgendem Ergebnis: Der »Spuk« hatte nie in menschlicher Gestalt existiert. Vielmehr war er die Hauptperson eines romantischen Romans der achtziger Jahre des letzten Jahrhunderts, und die äußeren Kennzeichen, die er zeigte, waren in diesem Roman klar dargestellt. Wäre Tulio kein Mathematiker, Entomologe, Physiker und Jurist gewesen, der mit den Füßen fest auf der Erde stand, so hätte er diesen astralen Scherz einfach geschluckt, und alle übrigen hätten dieses Wesen mit Lebensenergie gespeist und hätten diesem armen astralen Lügner Mitgefühl und Liebe gespendet.

Wenn es überhaupt irgendeine Welt gibt, in der das Lügen die wichtigste Aktivität zu sein scheint, so ist es die astrale. Hüten Sie sich also vor Ihren Besuchern! Aufgrund der höchstbeweglichen Energie/Materie, mit der sie umgehen, sind sie große Schauspieler. Sie können Umhänge, Turbane tragen, sie können sonnengebräunt sein, aus orientalischen Augenblicken und eine höchst würdige patriarchale Anwesenheit entfalten. Und wenn Sie ihnen die Möglichkeit geben, so werden sie in Ihren Träumen erscheinen. Sie werden vielleicht Liebe und Achtung übermitteln, aber viele von diesen maskierten Wesen sind schlicht und einfach übersinnliche Vampire, die sich mit menschlicher Energie »speisen«, um sich nicht in ihrem Medium wie Gelatine in warmem Wasser aufzulösen, um nicht zu verdampfen. Wenn Sie also keine Abwehrmechanismen haben, so halten Sie sich von ihnen fern.

Wenn Sie in einem Traum auf Dunkelheit oder irgend etwas, was für Sie schrecklich ist, treffen, so können Sie ihm mit einem religiösen Symbol oder Satz begegnen. Ein Kreuz, ein buddhistisches *mantram*, was für Sie gerade am natürlichsten ist. Das ist selbst wieder eine Übung in Bewußtheit und deshalb für Ihre Entwicklung wertvoll.

Und was die Interpretation der Träume anbelangt, so sollten Sie sie *ohne Emotion* abspulen, und die Symbole werden abtropfen. Mit anderen Worten: Frieren Sie Ihren emotionalen/astralen Bereich ein, und sie werden wie lineare Zeichnungen ohne Farbe erscheinen. Dann werden Sie erkennen können, was sie bedeuten. Bleiben Sie ruhig und kontemplativ. Unsere Träume sind wie die Szenen eines Filmes. Sie können einen ganzen Film nicht verstehen, wenn Sie nur ein paar Meter sehen, die in der Mitte herausgeschnitten wurden! In gleicher Weise sehen wir nur Teile der Traumwirklichkeit. Suchen Sie deshalb nach der Essenz des Traumes.

Jenseits des Alpha-Zustandes

Die Methode des Alpha-Zustandes ist recht interessant und sehr leicht durchzuführen. Ihre Basis ist die normale jugendliche Gewohnheit des »Tagträumens«. Das bedeutet ganz einfach, *bequem* zu sitzen und das Bewußtsein schweifen zu lassen... Auf der Suche nach irgendeinem angenehmen Erlebnis, das man sich vorstellt oder im Bewußtsein »bildet«. Der Unterschied zu der vorhergehenden Methode des Wiedereintrittes in den Traum liegt darin, daß wir uns nun bewußt hinsetzen und etwas erfinden. Wir sind uns voll und ganz bewußt, daß wir die Umstände und Charaktere unseres Erlebnisses selbst schaffen.

Machen Sie es sich in Ihrem Lehnstuhl oder auf Ihrem Sofa bequem. Aber legen Sie sich nicht ins Bett... Sie wollen ja nicht einschlafen, Sie wollen nicht in den Traumzustand eintreten, wie es üblicherweise während der Nacht geschieht. Schließen Sie nun die Augen und stellen Sie sich beispielsweise vor, daß eine bezaubernde Person, die für Sie sexuell attraktiv ist, den Raum betritt. Bauen Sie die ganze Szenerie auf, aber halten Sie sie sehr einfach... Leere Wände, große Fenster, die auf einen Garten hinausblicken. Weiter: Er oder sie tritt ein. Begrüßungen, Blicke, leidenschaftliche Umarmung... Sie sind sehr nahe und glücklich... Und Sie können sich nun vorstellen, daß sich eine Liebesbeziehung entwickelt. (Aber denken Sie daran, daß dies alles willentlich durch Ihre Vorstellungskraft geschieht.) Bis hierher macht das normalerweise jeder Teenager. Es ist leicht und angenehm.

Aber nun blicken Sie aus dem Augenwinkel, während Sie sich küssen, auf die Szenerie, die Gegenstände, die dort vorhanden sind. Sie könnten durchaus entdecken, daß sich der Raum verändert hat. Auf jener Wand, die Sie sich nicht in allen Einzelheiten vorgestellt haben, ist nun ein Gemälde mit vergoldetem Rahmen erschienen. Etwas weiter dort drüben links ist eine Tür, und Sie können sehen, daß sie in andere Räume führt.

Eine flüchtige Silhouette ist gerade vorbeigehuscht. Was geschieht?

Geschehen ist, daß Sie gerade jetzt wieder die Grenzen überschritten haben. Vorher hatten Sie sich Ihr Erlebnis selbst geschaffen, und Sie wußten ganz genau, daß Sie es getan hatten, daß es ohne Sie nicht vorhanden wäre. Aber während Sie noch die Umgebung schufen, während Ihre physischen Empfindungen aufgrund Ihrer bequemen Position hinwegschwanden, war Ihre Aufmerksamkeit in den Alpha-Bereich des Traumes gewandert. Ohne die Grenze wahrzunehmen, sind Sie in die astrale Dimension hinübergeglitten.

Jetzt sind Sie mit Ihrem/Ihrer Traumgeliebten allein. Nehmen Sie seine oder ihre Hand, führen Sie ihn oder sie gewissermaßen hinter die Bühne und betreten Sie die Traumwelt voll bewußt. Lassen Sie die Dinge geschehen. Mit einiger Übung können Sie auch andere Wesen evozieren, andere Umstände willentlich und unmittelbar erzeugen. Diese Umstände erfordern keine Imagination, sondern nur Beobachtung. Sie gehören zu einem subtilen Energiefeld und werden sich als vollkommen unerwartete, autonome und reale Welt spontan um Sie herum entfalten... Es ist eine Welt außerhalb Ihrer Kontrolle, abgesehen von einigen kleinen Einzelheiten. Sie werden imstande sein, diese Erlebnisse dadurch zu erzeugen, indem Sie Ihr Bewußtsein durch die Tore des inneren Schweigens ausdehnen. Und dieses Wachstum der bewußten Wahrnehmung nach jenseits der normalen Grenzen wird auch auf Ihre Fähigkeit der tagtäglichen Problemlösung »ausstrahlen«, Sie wird Ihnen in dieser Welt Macht verleihen und Sie in die letztendliche Lösung von Leben und Tod einweihen.

Sie werden auch eines der allgegenwärtigen Gesetze des Kosmos erlernen: *Die Kraft der Schöpfung steigt vom Subtilen zum Konkreten ab.* Das wird bereits im Evangelium des Johannes deutlich gesagt, dort ist das »Wort« (das genaue Bild einer Idee) gleichbedeutend mit dem »Schöpfer«. Von diesem Ausgangspunkt an entwikkelt sich die Schöpfung, die im ursprünglichen Begriff, dem »Wort«, bereits gesetzt ist und präexistiert.

All das sollte für Sie ein Hinweis sein: Die Szenerie kann nur verändert werden, wenn man *hinter* den Kulissen steht. Die Zuschauer (die Menschen des täglichen Lebens) sehen nur die Wirkung. Der Schlüssel zur Veränderung dessen, was als »materielle Wirklichkeit« erscheint, liegt in der Ausdehnung Ihrer Macht, die durch die Erweiterung des Bewußtseins auf andere Ebenen erzeugt wurde. Versuchen Sie, die Haut der »Realität« bis zu dem Punkt abzutragen, an dem Sie durch sie hindurchgehen können.

Der Umgang mit dem Schlüssel

Die hier aufgenommenen Texte zeigen, wie es uns gelingen kann, in die eigene innere Welt vorzudringen und wie wir mit dem, was wir dort entdecken, arbeiten können, um uns selbst besser zu verstehen. Es wird deutlich werden, daß die Traumarbeit ein von der Moderne vernachlässigtes Gebiet ist, obwohl gerade dadurch der Zugang zum Verständnis des Menschen und des Lebens an sich wesentlich erleichtert würde. Wer es erlernt, mit seinen Träumen zu arbeiten, und wer fähig ist, sie zu kontrollieren, dem wird es auch möglich sein, sein eigenes Leben positiver und kreativer zu gestalten.

Montague Ullman

Einführung in die Arbeit mit Träumen

Die Arbeit mit Träumen besteht also im wesentlichen in dem Bemühen, sich in unerforschte Bereiche unserer Persönlichkeit zu begeben. Aber welche Strategie und Taktik sind erforderlich, um das emotionale Territorium, das in den Geltungsbereich des Traums fällt, zu erobern? Zuallererst muß man sich klar darüber sein, daß wir nicht darauf aus sind, einen Feind zur Strecke zu bringen, sondern einen Freund zu gewinnen. Wir suchen keinerlei Macht oder Kontrolle über ein zu unterwerfendes Territorium. Eher suchen wir an Tiefe zu gewinnen, indem wir unsere Identität mit Hilfe der in diesem Territorium angesiedelten Bilder reorganisieren. Dafür müssen wir zunächst einmal unser Bewußtsein dafür schärfen, daß es dieses Gebiet überhaupt *gibt*, das zu erkunden ist. Das führt uns zu den Fragen der Traumerinnerung und der Aufzeichnung der Träume.

Wie man Träume erinnert

Wer an einem Traum arbeiten will, muß ihn natürlich erinnern, weshalb die Beschäftigung mit unseren Träumen häufig eine bewußte Anstrengung erfordert, uns der Träume zu bemächtigen, ehe sie uns entschlüpfen. Sie scheinen schwer faßbar zu sein und sich bald, nachdem sie geträumt worden sind, aufzulösen. Selbst wenn sie nach dem Aufwachen zum Greifen nahe sind, verblassen sie häufig kurz danach. Ein intensiver Traum kann ein langes Eigenleben führen, aber solche Träume scheinen eher die Ausnahme als die Regel zu sein.

Es ist auch gut, daß wir keinesfalls eine hundertprozentige Traumerinnerung haben; sonst würden wir in unser Wachleben Bilder und Gefühle tragen, die mit den Traumepisoden der vergangenen Nacht assoziiert sind – annähernd 100 Minuten in der Nacht –, und wären dabei derart von unseren eigenen Träumen überflutet, daß wir vielleicht keine Zeit hätten, mit den Realitäten des Wachlebens fertig zu werden.

Der beste Weg, mit dem Erinnern eigener Träume anzufangen, ist, sich selbst einzureden, daß man schon dabei sei. Wenn man es nur stark genug will, kann man die eigene spontane Ausbeute an Träumen steigern. Fragen Sie mal diejenigen, die eine Psychoanalyse beginnen: Selbst wenn sie seit ihrer Kindheit keine Träume mehr gehabt zu haben glauben, beginnen sie oft bald nach Behandlungsbeginn, sich ihrer Träume zu erinnern. Man muß sich also selbst anweisen, die Träume zu erinnern, und zwar, wenn man im Begriff ist einzuschlafen.

Manche Menschen bringen es durch Training sogar soweit, während der Traumphasen aufzuwachen. Die meisten müssen allerdings mit ihren Bemühungen um die Traumerinnerung anfangen, wenn sie morgens aufwachen. Es gibt eine dreiteilige Strategie, die dafür nützlich sein kann.

Erstens sollte man trainieren, sich sofort beim Aufwachen (sei es in der Nacht oder morgens) nach innen zu wenden, um Traumgefühlen oder Bildern das Aufsteigen zur Oberfläche zu ermöglichen. Zu diesem Zweck liege man ruhig da, bewege sich so wenig wie möglich und vermeide Ablenkungen. Bemühen Sie sich bewußt und mit Bedacht, jede Handlung oder Geste zu vermeiden, die das »Nachleuchten« der Traumerfahrung vertreiben könnten. Machen Sie kein Licht, gehen Sie nicht ins Badezimmer, verändern Sie nicht einmal Ihre Lage im Bett. Es ist nicht wichtig, ob das, was erscheint, vom Anfang oder vom Ende des Traums stammt. Die Hauptsache ist, alles zu vermeiden, was mit dem Zustand absoluter Ruhe interferieren könnte, der für das Wiederaufleben des Traums nötig ist. Haben Sie erst einmal Teile des Traums im Griff, dann ist es viel leichter, sie in die Reihenfolge zu bringen. Wenn Sie gleich beim Erwachen bei Ihrem Traum bleiben können, wird Ihre Erinnerung spontan und detailliert sein. Aber wenn er Ihnen entgleitet, werden

Sie in dem Bemühen, seiner wieder habhaft zu werden, ihn Stück für Stück zusammensuchen müssen.
Zweitens, besonders wenn Sie nachts aufwachen: Schreiben Sie alles auf, was Ihnen einfällt – ein Bild, ein Bruchstück oder einen ganzen Traum. Das heißt also, daß Sie neben Ihrem Bett etwas zum Schreiben bereithalten müssen. Manche finden es auch leichter, ein Tonbandgerät dafür zu verwenden. Man kann vermeiden, Licht anzumachen und dadurch den Partner zu stören, indem man eine kleine Taschenlampe oder einen Kugelschreiber mit Beleuchtung parat hält. Denken Sie daran, daß, wenn Sie den Traum nicht unverzüglich niederschreiben, er wahrscheinlich am Morgen entschwunden sein wird. Also den Traum nicht einfach noch mal durchgehen und sich in dem Glauben wiegen, man werde ihn schon wiedererinnern! Am Morgen kann es dann leicht vorkommen, daß Sie sich nur noch daran erinnern werden, daß Sie sich an einen sehr wichtigen Traum haben erinnern wollen.
Und drittens: Gehen Sie mit Optimismus an die Aufgabe heran, ihren »Traumabbruchapparat« auszutricksen, selbst wenn Sie im Augenblick des Erwachens spüren, daß der Traum schon beinahe entschwunden ist. Vielleicht ist dem so, aber ganz oder teilweise mag er noch zu retten sein. Versteifen Sie sich nicht auf den Gedanken, daß ja doch nichts daraus würde. Fangen Sie statt dessen in aller Ruhe damit an zu versuchen, ob sich nicht noch ein Tagesrest, ein Bild, ein Bruchstück oder ein Gefühl ins Bewußtsein zurückholen läßt. Wenn ja, können Sie diese vielleicht als Hebel benutzen, um ein paar weitere Fragmente herauszulösen. Auf diese Weise kann ein vollständiger Traum wiedereingefangen werden.

Wie man Träume aufzeichnet

Es ist wichtig, einen Traum möglichst sofort nach seinem Auftreten niederzuschreiben. Je größer die Verzögerung, bevor man ihn zu Papier bringt, um so größer die Gefahr, ihn »frei zu bearbeiten«, einige seiner Details oder sogar ganze Abschnitte zu vergessen. Und je länger wir gezögert haben, um so eher ist es möglich, daß ein Teil des Inhalts mit Wachgedanken vermengt wird. Schreiben Sie möglichst alle Einzelheiten nieder und jedes Gefühl, an das Sie sich erinnern. Räumen Sie in einem Traum nicht auf oder um, damit er im Wachen einen Sinn ergibt. Obwohl die eigentümlichen Traumaspekte oft nur schwer in Worte gefaßt werden können, müssen Sie es doch versuchen. Und lassen Sie sich nicht hinreißen, irgendeinen Aspekt des Traums zu »verschönen«.

Beim Niederschreiben des Traums sollten Sie auch all jene von Ihnen erinnerten Gedanken hinzufügen, die Ihnen unmittelbar vor dem Einschlafen durch den Kopf gingen. Womit waren Sie beschäftigt? Diese Gedanken geben oft wichtige Hinweise für den Traum. Hier ist ein Beispiel für einen solchen Fall. Es handelt sich um eine Frau, die eine Psychoanalyse machte:

»Ich erwachte mit der Vorstellung, auf der Spitze einer Fahnenstange aufgespießt zu sein.«

Die Frau fand keine Assoziationen hierzu und konnte mit dem Traum auch nichts anfangen. Nach ihren Gedanken vor dem Einschlafen befragt, sagte sie:

»J. (ihr Mann) wollte Sex haben. Ich war nicht in Stimmung dafür und sträubte mich etwas. Zu meinem Verdruß bestand er aber darauf, und ich fühlte mich schließlich hilflos und zugleich beleidigt.«

Als ihre Aufmerksamkeit auf die Gedanken gelenkt wurde, die sie vor dem Einschlafen gehabt hatte, kam ihr die Verbindung zu ihrem Traum augenblicklich zu Bewußtsein: Es kam ihr vor, als wäre sie von einem Penis aufgespießt worden in einem Geschlechtsakt, bei dem ihr Widerstand einfach ignoriert worden war.

Auch ein Traumtagebuch kann recht nützlich sein. Allein als Verzeichnis Ihrer Träume wird es viel über Ihren persönlichen Traumstil, die von Ihnen bevorzugten Symbole und die typischen Konflikte aussagen. Hier sei jedoch eine Warnung angefügt: Wenn Sie die Träume nur aufschreiben, also nicht an ihnen arbeiten und über diese Traumarbeit Bericht führen, werden sie Ihnen beim Wiederlesen Ihres Tagebuchs dunkel und leblos vorkommen. Damit das Traumtagebuch von optimalem Nutzen sein kann, sollte man die Träume schon bald nach dem ersten Erinnern aufschreiben und viel Zeit und Energie darauf verwenden. Lassen Sie aber noch Platz für spätere Gedanken, denn Ihre erste Arbeit kann Dinge in Gang setzen, die erst nach einiger Zeit klar in ihr Bewußtsein steigen. Also, wenn Sie sich entschließen, ein Traumtagebuch zu führen, sorgen Sie dafür, daß Sie die wesentlichen Komponenten so schnell wie möglich niederschreiben – besonders das beim Erwachen vorherrschende Gefühl. Machen Sie sich keine Gedanken darüber, wie Sie den ganzen Traum in die richtige Reihenfolge bringen, wenn Sie keine so lebhafte Erinnerung an seinen ursprünglichen Ablauf haben, daß Sie ihn einfach vom Anfang bis zum Ende runterschreiben könnten. Wichtig ist nicht so sehr, wie Sie den Traum berichten, als vielmehr, daß Sie seine Stimmung, seine Bilder und Szenen bewahren, bis Sie weiter daran arbeiten können. Wenn Sie beginnen, Ihre nächtlichen Notizen in die endgültige Form zu bringen, werden Sie sich oft an weitere Einzelheiten erinnern, sogar an Szenen, die Sie beim ersten Erinnern ausgelassen haben.

Manchmal, wenn wir beim Erwachen überhaupt keine Erinnerung an einen Traum hatten – uns nur daran entsinnen konnten, daß wir etwas träumten –, wird sich der Traum später am Tag einblenden, ausgelöst durch irgendein Erlebnis. Welcher Art die auslösende Erfahrung war, sollte genauso gewissenhaft wie der Traum aufgeschrieben werden. Es könnte gut sein, daß dies den Schlüssel für den Sinn des Traums liefert.

Und denken Sie bitte daran: Kein geschriebener Bericht vermag den Traum in seiner Ganzheit wiederzugeben. Er liefert nur einfach das »beste Aufklärungsfoto«, das wir von dem während der Nacht uns vor Augen geführten Gebiet machen können.

Und nun sind wir bereit, uns mit dem Traum selbst zu beschäftigen.

Wie man einen Traum bearbeitet

Bevor wir damit beginnen können, den Traum als uns zugehörig anzunehmen, müssen wir etwas über unseren Wachzustand wissen, über seine Grenzen und Schwächen. Bei allem ist unser Ziel, Teile unserer Persönlichkeit wiederzuerlangen, die unserem Wachbewußtsein bis jetzt entweder unbekannt geblieben sind oder die es aktiv verleugnet hat. Die Bilder, die unser Traum benutzt, um diese

Aspekte auszudrücken, kommen uns seltsam vor, weil wir sie aus der Perspektive des Wachzustands betrachten. Leider brachte unsere Kultur uns bei, unser Traumleben zu vernachlässigen. Die ganze Geschichte der Menschheit hindurch haben wir uns viel mehr auf Leistungen draußen in der Welt konzentriert als auf den Zustand unseres Innenlebens. Wir haben unsere Begabung für Sprache, Logik und Ordnung kulturell optimal genutzt. Wie schon ausgeführt, sind unsere sprachlichen Fähigkeiten in der linken Hirnhemisphäre angesiedelt (die normalerweise die dominante ist), und so sind wir heute auf die linke Hemisphäre ausgerichtet. In der Schule brachte man uns Lesen und Schreiben bei, jedoch nicht, wie wir mit unserem von Bildern erfüllten Traumleben umgehen können. Die Fähigkeiten unserer rechten Hirnhälfte wurde zu wenig gewürdigt; meistens müssen wir mit unserer Emotionalität und den von ihr aufgeworfenen Problemen allein fertig werden, was oft auf falschen und verworrenen Wegen geschieht. Dennoch sind unsere Träume genauso ein Teil unseres Lebens wie unser Wachzustand.

Man muß gegen Widerstand anarbeiten, um das seltsame Szenario eines Traums in etwas Verständliches und Sinnvolles umzuwandeln. Wenn man einen Traum aus seiner natürlichen nächtlichen Umgebung löst und ihn unserem Wach-Ich vorführt, wird er von Freunden wie auch von Feinden umringt. Die Freunde des Traum-Ichs sind auf die Wahrheit aus, während die Feinde die Distanz und das Gefühl der Entfremdung aufrechtzuerhalten suchen, um jenen Teil in uns selbst zu unterstützen, der noch nicht fähig oder willens ist, nach innen zu schauen. Je tiefer man in die Arbeit mit Träumen eindringt, um so mehr wird man dieser von unserem Wach-Ich aufgestellten Sperren gewahr und auch der Arbeit, die nötig ist, sie zu umgehen. Alles, was man tun kann, ist dies: sich mit jenem Teil von sich selbst anfreunden, der einen drängt, die verborgenen Wahrheiten des Traums zu entdecken, und hoffen, dieser Impuls möge sich als stärker erweisen als die Tendenz, den Traum sanft entschwinden zu lassen.

Am besten fängt man damit an, daß man sich auf die Gefühle konzentriert, die von den Bildern und der Handlung des Traums vermittelt werden. Können Sie sich Ihrem Traum so nahe fühlen, um an seine Stimmung und ihre Veränderungen im Fortgang des Traums heranzukommen? Gibt es irgendwelche Gefühle, die in den Wachzustand hinüberreichen? Konzentrieren Sie sich auf die Bilder des Traums und versuchen Sie, die Verbindungspunkte zwischen jenen Bildern und Ihrem eigenen vergangenen und gegenwärtigen Leben zu identifizieren. Sehen Sie jede Traumfigur und jedes Objekt als einen eigenständigen Traumteil an und als potentiell wichtig. Gestatten Sie sich, zu jedem Traumteil frei zu assoziieren, aber bleiben Sie dabei nahe am gezeigten Bild; verwenden Sie den Traum nicht als Sprungbrett für ein Herumsuchen in Ihrer eigenen Vergangenheit. Es sollen nur jene Teile Ihrer Erfahrungen in Betracht kommen, die zu im Traum auftauchenden Gedanken und Gefühlen in Beziehung stehen.

Nehmen wir ein häufiges Traummotiv. Man befindet sich in einem Klassenzimmer, nimmt an einer Prüfung teil und hat vor dem Ergebnis Angst. Ich habe mein Medizinstudium schon vierzig Jahre hinter mir und träume immer noch davon, in der letzten Prüfung des Staatsexamens zu sein. Fragen Sie sich, welche Gefühle bei Ihnen vorherrschten: Gefühle von Unzulänglichkeit, Unfähigkeit, Angst vorm Versagen; Leistungsdruck, Konkurrenzgefühle; der Drang, sich hervorzutun; die Empfindung, bewertet zu werden; Angst vor Bloßstellung oder der Reiz einer Herausforderung? Erinnern Sie diese speziellen Gefühle an irgendwelche neueren Ereignisse, bei denen Sie dieselben Empfindungen hatten?

Manchmal ist das, was uns an einem Traum auffällt, das *Fehlen* von Gefühlen oder das im Blick auf die jeweiligen Bilder *Unangemessene* von Gefühlen. In einem Traum könnten Sie sich zum Beispiel auf einem Schlachtfeld vorfinden und von den Granaten und Kugeln, die um Sie herumschwirren, scheinbar unbeeindruckt sein. Dann fragen Sie sich: Welche Verbindung zu vergangenen oder gegenwärtigen Situationen kann ich ausmachen, die andere als gefährlich betrachteten, ich jedoch nicht? Oder vielleicht sollte die Frage lauten: In welcher Gefahrensituation befand ich mich, derer ich mir nicht bewußt war? Die Hauptsache ist, die verschiedenen Möglichkeiten zu eruieren.

Sobald Sie einen Schimmer haben, wohin die Traumbilder führen, müssen Sie mit dem Traum näher in Verbindung kommen, indem Sie sich den Bildern zuwenden und lernen, wie man sie metaphorisch sehen kann. In jedem Fall stellt sich folgende Frage: Welche Lebensumstände werden von irgendeiner Eigenschaft des Traumbildes angesprochen? Wenn Sie dies von den Bildern Ihres Traums erfragen, kommen Sie leicht auf eine ganze Reihe von Antworten, die nicht zueinander passen. Früher oder später jedoch wird sich eines der Bilder mit Bedeutung aufladen. Unsere Träume sind ja nicht eine einfache Wiederholung der Tagesereignisse, wenn es auch zeitweise so erscheint. Es gibt gleichnisartige Anklänge, welche viel weiter reichen als jede buchstäbliche Bedeutung, die Ereignisse für uns haben können.

Im folgenden wollen wir auf einige Bereiche eingehen, in denen sich unsere Träume abspielen können.

Sexuelle Träume

Die sexuellen Vorstellungen sind eine wichtige Seite unseres Traumlebens, und zwar wegen der großen Bedeutung, die die Sexualität in unserem Leben hat, wegen der sozialen Regeln und Zwänge, die sie beherrschen, und der Probleme, die oft um sexuelle Bedürfnisse herum entstehen. Darüber hinaus ist Sex das einzige wichtige körperliche Bedürfnis, bei dem während des Träumens statt einer vorgestellten eine wirkliche Befriedigung auftreten kann und auch auftritt. Sexuelle Traumbilder mit ihren dramatischen und eindringlichen Metaphern können auch andere Gefühle übermitteln. In der Vulgärsprache werden schließlich das Sexualleben betreffende Ausdrücke oft gebraucht, um aggressive oder feindselige Absichten auszudrücken.

Unter einem sexuellen Traum verstehen wir einen, in dem sowohl inhaltlich als auch auf der Gefühlsebene die Sexualität im Vordergrund steht. Vielleicht war der Träumer in besonderer sexueller Erregung, ohne die Möglichkeit einer Abfuhr gehabt zu haben. Jede ungewohnte oder aufgezwungene Abstinenzphase kann zu einem sexuell getönten Traum führen. Offene sexuelle Träume treten häufig während der Adoleszenz auf und sind nicht selten von nächtlichen Ergüssen beim Mann und dem Erlebnis eines Orgasmus bei der Frau begleitet. Bei dieser Art von Träumen kann es vorkommen, daß es kaum ein oder gar kein Abweichen von der realistischen Darstellung des Geschlechtsverkehrs gibt.

Erwachsene gehen mit sexuellen Bedürfnissen und Neigungen gewöhnlich indirekter um. Wenn der Träumer bildliche Szenen kreiert, die durch ein jüngstvergangenes Lebensereignis noch verstärkt werden, so dienen diese Metaphern tatsächlich dazu, die Beziehung des Träumers zu einer besonders problematischen Seite seiner eigenen Sexualität klarzustellen. Ein männlicher Klient zum Beispiel, der sich von unbefriedigten sexuellen Strebungen bedrängt fühlte, träumte, er befände sich in einem kleinen Boot, das von einem riesigen Flugzeug (dem erigierten Phallus) über das Wasser geschleppt würde. Der Träumer sieht sich selbst (d. i. das Boot, in dem er sich befindet) als jemand, der von seinem übertrieben wichtig genommenen Penis (das riesige Flugzeug, das in die Luft aufsteigt) durchs Leben gelenkt wird.

Oft gibt es sowohl direkte als auch indirekte Darstellungen des Themas Sexualität, wobei sich die Metaphern auf den Kontext beziehen, in dem der Geschlechtsakt ausgeführt wird (zu Hause oder außerhalb, mit dem Ehepartner oder einem Fremden), oder auf das Ergebnis (Befriedigung, Frustration, Mißerfolg usw.).

Manchmal sind sexuelle Bilder Metaphern, um Gefühle von Nähe und Intimität ebenso wie die Abwehrmaßnahmen, die derartige Gefühle verhindern, auszudrücken. Oder der Träumer ist vorrangig mit dem Problem von Überlegenheit oder Unterlegenheit beschäftigt. Auch Probleme des Kontrollierens oder des Verlustes von Kontrolle können in sexuellen Bildern ihren Ausdruck finden. Und Taktiken wie Aggression oder Rückzug können als Teil des im Träumer stattfindenden Kampfes gegen Intimität und Nähe der sexuellen Begegnung dargestellt werden.

Das Auftreten sexueller Traumbilder kann deshalb in dem begründet sein, was den Träumer gegenwärtig beschäftigt – vom expliziten sexuellen Verlangen bis hin zum Bedürfnis nach vertrautem und liebevollem Umgang mit einem anderen Menschen.

Ein Beispiel: Ein Mann hatte einen Traum, der auf latent homosexuelle Neigungen hindeutete. Der Traum muß durchaus nicht bedeuten, daß der Träumer latent homosexuell *ist*, sondern eher, daß irgendeine besondere sexuelle Empfindung in ihm aufsteigt. Er braucht die Freiheit, dies zu erkennen und zu bestätigen. Jemand, der besonders stark gehemmt ist, könnte seine Sexualität in seinen

Träumen anfänglich als Beziehung zu jemand vom eigenen Geschlecht ausdrücken, weil dies bekannter und vertrauter ist. Es gibt keinen Grund, ein von einer orthodoxen Theorie geliefertes Etikett zu akzeptieren. Deshalb sollte sich der Träumer fragen: Ist mein Traum das Resultat unerfüllter sexueller Spannungen? Drücke ich ein Problem meines Sexuallebens aus? Stelle ich ein Lebensproblem in sexuellen Bildern dar?

Luzide Träume

Ein luzider Traum ist, wie schon ausgeführt, ein Traum, in welchem wir uns der Tatsache bewußt sind, daß wir träumen. Celia Green beschreibt in ihrem ausgezeichneten Buch »Lucid Dreams« die zu solcher Luzidität führenden Bedingungen, die vielen Formen, in denen luzide Träume auftreten können, und die Art und Weise, wie sie enden. Sie definiert einen »präluziden« Traum als einen, in dem eine kritische Einstellung des Träumers ihn fragen läßt: Träume ich oder wache ich? Sie beschreibt auch ein mit den luziden Träumen verbundenes Phänomen, das sogenannte »falsche Erwachen«: Der Träumer ist überzeugt, daß er aufgewacht ist, muß aber entdecken, daß er noch immer träumt, oder er schläft, wie in dem folgenden Beispiel, wieder ein und entdeckt dann, daß das Ganze ein Traum war.

Ein Träumer, der gerade an seiner ersten Traumgruppe teilnehmen wollte, hatte solch ein »falsches Erwachen« im Traum:

»Ich träumte, daß ich träumte und dann erwachte und mich an den Traum erinnerte. Ich sagte mir nun im Traum, ich könnte doch wirklich nicht mit einem billigen, kümmerlichen und langweiligen Traum daherkommen. Ich war so enttäuscht, daß ich mir sagte, ich müsse wieder einschlafen, um eine interessantere ›Traumproduktion‹ anlaufen zu lassen.«

Viele luzide Träume entwickeln sich im Verlauf eines Alptraums und entstehen in Verbindung mit dem Versuch des Träumers, sich selbst aufzuwecken. Wenn ein Träumer sich in einem Traum bedroht fühlt, ist es für ihn nicht ungewöhnlich, sich selbst zu beruhigen, indem er sagt, daß es »nur ein Traum« sei. Die Phase der Luzidität ist in diesen Träumen sehr kurz und führt fast immer sofort zum Erwachen.

Luzide Träume sind in ihrem Inhalt oft realistischer als normale Träume. Der Träumer entdeckt oder schließt, daß es ein Traum ist, wenn er irgendeinen unstimmigen Traumteil bemerkt oder sich des Fehlens irgendeines realen Details bewußt wird. Sobald beim Träumer Luzidität einsetzt, kann er versuchen, den weiteren Verlauf des Traums zu beeinflussen.

Wiederholte Träume

Träume, die ähnliche Szenen wie frühere Träume enthalten und mit ähnlichen Gefühlen verbunden sind, können sporadisch oder regelmäßig auftreten. Solche Träume befassen sich mit einem wiederkehrenden Lebensproblem des Träumers, das noch nicht gelöst ist. Obgleich der Träumer Bilder übernimmt, die er in Verbindung mit diesem Problem schon in der Vergangenheit verwendet hatte, setzt er sie doch so ein, daß sie seine derzeitige Situation reflektieren sowie das, was sich eventuell an Veränderungen ergeben hat. Sobald das Problem gelöst ist, sei es in der Realität oder durch ein erfolgreiches Durcharbeiten des Traums, verschwindet der Wiederholungstraum.

Diese Träume beziehen sich häufig auf etwas, das verlorengegangen ist: eine sichere Zuflucht oder eine Quelle von Freude oder Vergnügen. Sie können sich auch mit der Suche nach einer verlorengegangenen Beziehung beschäftigen, die irgendwie erfüllend war.

Eine junge Frau hatte wiederholt einen Traum, in dem ein Freund, von dem sie sich schon vor Jahren getrennt hatte, wieder auftauchte und ein anderes Mädchen mit seiner Zuneigung überschüttete. Die Träumerin war verdutzt, weil sie die Trennung nicht bewußt bedauerte und auch kein Verlangen hatte, den Freund zurückzugewinnen. Sie hatte sich damals zu ihm hingezogen gefühlt wegen seiner, wie sie es beschrieb, »Lebenskraft«.

»Dies war eine charakteristische Eigenschaft von ihm, die ich bewundere und in mir selbst haben möchte. Ich sehe ihn als lebendig, tatkräftig, vital bei allem, was er in seinem Leben tut und liebt. Im Unterschied dazu meine ich, daß ich meine Zeit vergeude, meiner selbst unsicher bin und mich leer fühle, wenn ich an meine Zukunft denke.«

Die Beschreibung ihres früheren Freundes führte zu der Aufdekkung des Einflusses, den dieser Traum auf sie hatte. In Wirklichkeit ist auch sie eine vitale, lebendige Person, die sich nur noch nicht selbst gefunden hat. Sie ist dabei, mit dem konventionellen Lebensstil zu brechen, und versucht aktiv, in Bereiche vorzustoßen, mit denen sie sich wirklich beschäftigen möchte. Da sie sich ihrer Vitalität und Lebenskraft bewußt war, sich jedoch nicht zu deren Verwirklichung aufraffen konnte, bestand ihre Traumstrategie darin, sich mit jemandem zu verbinden, der diese Eigenschaften in sich trug.

Problemlösung in Träumen

Auf viele Arten helfen Träume Probleme lösen, denen wir im Leben gegenüberstehen. In der Tat sind sämtliche Träume Problemlösungen oder sind zumindest Lösungsversuche. Unser Leben besteht aus einer langen Reihe von Lernbegegnungen, in denen wir aufgerufen sind, Entdeckungen über uns selbst zu machen. Unsere Träume registrieren die entstandenen Spannungen und erforschen die Kräfte, die wir entwickelt haben, um damit zurechtzukommen. Träume sind manchmal wirklich bemerkenswert, was die Methode betrifft, mit der sie uns Entdeckungen und Erfindungen ermöglichen. Es gibt viele bekannte Berichte dieser Art von Einfallsreichtum im Traum, der zu präzisen Lösungen führte. Hierzu gehört die Erfindung der Nähmaschine. Elias Howe sah in einem Traum furchterregende Eingeborene, die Speere mit Löchern trugen, und dies führte ihn zu der entsprechenden Position des Lochs in der Nadel, die er brauchte, um die Nähmaschine zu vervollkommnen.

Weil uns die Träume unserer persönlichen Belange wieder vorhalten, scheint es oft so zu sein, daß sie auf unser bewußtes Anliegen reagieren, ein bestimmtes Problem zu lösen. Wenn wir irgendeine Art von Lösung zu erreichen scheinen, so deshalb, weil unser Traum-Ich weiter und tiefer blickt und das Problem ins richtige Verhältnis zu unserem Lebenshintergrund rückt. Wird das Problem, das wir an unser Traum-Ich herantragen, von diesem in Wirklichkeit trotz unserer Besorgnis als relativ unwichtig angesehen, dann ignoriert es dieses Problem leicht zugunsten eines von ihm für wichtiger erachteten.

Wenn vom Beeinflussen unserer Träume die Rede ist, dann sprechen wir von etwas, das nur begrenzt möglich und nicht vorhersagbar ist. Wem dies klar ist, wird sich nicht von der Vorstellung irreführen lassen, wir könnten unsere Träume kontrollieren, sondern wird lernen, auf ihre Hilfe für wirklich wichtige Anliegen zu zählen. Dem Traum-Ich steht eine umfassendere Sicht der Realität zur Verfügung als unserem Wach-Ich, und es ist deshalb nicht von letzterem manipulierbar. Unsere beiden Ichs sind dennoch in Wirklichkeit eines und versuchen, in Übereinstimmung miteinander zu arbeiten.

Ein Erstinterview mit einem jungen Psychologen, der zu mir in Therapie kommen wollte, hat mich einmal vor ein Rätsel gestellt. Er legte einen skeptischen, herausfordernden Ton an den Tag und zeigte ein Ausmaß an Aggression, mit dem nicht leicht umzugehen war. Ich versuchte, mit Anstand zu folgen, hatte aber ein unbehagliches Gefühl, war unsicher über meine Wirkung und machte mir Gedanken über den Ernst seiner Störung. Ich ging zu Bett mit der bewußten Hoffnung, daß ein Traum etwas Licht auf die Dynamik der Situation werfen würde. In dieser Nacht hatte ich einen Traum, in dem ich einen sehr zahmen und freundlichen Affen völlig problemlos einen Pfad entlangführte. Dies erwies sich dann als ein richtigeres Bild meines Patienten als jenes von dem wilden, unkontrollierbaren Gorilla, den meine Befürchtungen in ihm gesehen hatten!

Prophetische, prognostische und warnende Träume

Während des Träumens sind wir äußerst sensibel für jene Veränderungen, die so subtil sind, daß sie von unserem Wachbewußtsein noch nicht registriert wurden. Wir nehmen psychologische und physiologische Veränderungen in ihren Anfangsstadien auf, und wenn wir für die Botschaft des Traums sensibilisiert sind, können wir von ihrem Auftreten vorgewarnt werden. Es gibt viele Schilderungen über Veränderungen in dem einen oder anderen Körperorgan, die zuerst in einem Traum wahrgenommen worden sind. Es ist durchaus möglich, daß der Weg, den psychische und emotionale Strömungen nehmen, deren wir uns nicht bewußt sind, zuerst in einem Traum und erst danach in unserem Wachleben zu Ende beschritten werden.

Dabei müssen echt präkognitive Träume, solche, die Ereignisse voraussagen, für welche es in der Gegenwart weder subtile noch andere Anzeichen gibt, von den nur scheinbar präkognitiven unterschieden werden. Ein Beispiel für letztere: Jemand geht im Traum eine ihm vertraute Treppe hinunter und sieht dabei, daß das Geländer entzwei ist; am darauffolgenden Tag erlebt er, wie genau dieses Geländer bricht. Dabei ist es wahrscheinlich, daß der Betreffende ein minimales Anzeichen des bevorstehenden Bruchs mit seinen Sinnen registriert hatte und dies wichtig genug war, um im Traum untersucht und wahrgenommen zu werden. Anders wäre es, wenn sich das zerbrochene Geländer in einem Gebäude befände, in dem der Träumer vorher noch nie gewesen ist; dann könnte dieser Traum wirklich präkognitiv genannt werden.
Eine Frau erzählte uns in einer Traumgruppe, daß jedesmal, wenn ihr in einem Traum irgendwie Wasser erscheine, sie am nächsten Tag unweigerlich starke Kopfschmerzen habe. Zwei Tage danach berichtete sie einen Traum, der das scheinbar unbedeutende Detail enthielt, daß eine kleine Wasserpfütze auftauchte. Am folgenden Tag hatte sie ihre typischen Kopfschmerzen.
Lassen Sie uns zu den häufiger erlebten Traumarten kommen und einige der metaphorischen Bedeutungen betrachten, die von ihren Bildern abgeleitet werden können.

Flugträume

Diese treten in verschiedenen Formen auf. Man träumt, daß man durch die Luft geht, läuft, springt oder für längere Zeit in ihr verweilt. Oder man fliegt sogar durch die Lüfte. *Einige* der möglichen metaphorischen Bedeutungen können diese sein:
Ich fühle mich zufrieden, befriedigt, berauscht wegen etwas, das ich getan habe.
Ich fühle mich kompetent, erfolgreich und stark in bezug auf ein neueres Ereignis in meinem Leben.
Ich halte mich für etwas Besonderes, ich denke, ich sei anders oder anderen in gewisser Hinsicht überlegen.
Ich bin überrascht von der Entdeckung einer ungewöhnlichen Fähigkeit, von der ich nicht wußte, daß ich sie besitze.
Ich bin sexuell potent, mein Penis ist oben.

Fallträume
Diese können jede beliebige Form annehmen, von der einfachen Empfindung, daß man fällt, bis hin zu speziellen Szenen, etwa daß man von einer Klippe herunterfällt:
Ich habe die Kontrolle verloren.
Ich fühle mich hilflos.
Ich bin in Gefahr.
Bei einer Frau: Ich habe sexuelle Schuldgefühle – die Metapher des »gefallenen Mädchens«.
Ich habe in den Augen von jemand an Prestige verloren.
Ich bin in Ungnade gefallen.
Ich bin ohne Stütze, habe kein Fundament.
Die Anzahl von Metaphern, die schon vom einfachsten Bild abgeleitet werden kann, ist nur durch unsere Phantasie begrenzt. Auf je mehr Sie kommen, um so größer ist die Wahrscheinlichkeit, daß Sie auch die richtige treffen.

Zahnausfall
Dieses Motiv kann von unterschiedlichen Gefühlen begleitet sein:
Gefühlen von Verlegenheit und Schwäche;
Verlustgefühlen, besonders bei etwas, dessen man sich sicher glaubte;
Gefühlen von Passivität, Impotenz;
keine Worte finden zu können;
der Beschäftigung mit dem Altwerden und mit dem allgemeinen Nachlassen der Lebenskräfte.
Ein Traum, in dem die Milchzähne verloren werden, kann bedeuten, daß man bereit ist für das, was das Leben zu bieten hat.

Träume von Wasser
Wasser taucht häufig in Träumen in sehr unterschiedlichen Zusammenhängen auf. Es kann eine ganz unspezifische Beziehung zum Unbewußten haben, zum Mutterschoß und der Sicherheit der intrauterinen Existenz, zum Gebären, Nähren usw. Es kann etwas Mysteriöses, Drohendes, Gefährliches repräsentieren. Es kann auch eine spezifische sexuelle Anspielung auf den Ort sein, wo Sperma

(Fisch) umherschwimmt. Es kann auch das Traumleben repräsentieren (in einem anderen Medium umherschwimmen).
Die entscheidende Frage könnte sein: Welche Art von Wasser? Ein Schwimmbecken kann Muße, Wettkampf oder auch Beschränkung der Beweglichkeit bedeuten; ein fließender Fluß: den Lebensstrom; Flutwellen, die gegen das Ufer anbranden: Kräfte jenseits unserer Kontrolle oder sexuelle Aufwallung; ein stiller, tiefer Teich: das Vorhandensein innerer Quellen.

Nacktsein in der Öffentlichkeit
Haben Sie sich vor kurzem in einer peinlichen Situation befunden? Fühlten Sie sich allen Blicken ausgesetzt, beschämt, verletzt? Ist Ihre soziale Fassade weggezogen worden? In solch einem Traum ist der Träumer oft der einzige, der sich seiner Nacktheit bewußt ist. Sind Sie möglicherweise in Gefahr, so gesehen zu werden, wie Sie nun einmal sind? Akzeptieren Sie wirklich, daß Sie so gesehen werden können, wie Sie sind? Versuchen Sie, so gesehen zu werden, wie Sie sind?

Todesträume
Träume vom Tod, sogar von unserem eigenen, haben meistens keine bedrohliche Bedeutung. Sie können in Wirklichkeit Gram, Verzweiflung oder Verlust ausdrücken. Oder sie können einfach das Ende eines Abschnitts im eigenen Leben anzeigen oder sogar die Vorwegnahme eines Neubeginns sein. Ein Todestraum kann mit aggressiven, feindseligen Gedanken gegenüber der toten Person verbunden sein: Unsere Träume greifen oft zu Übertreibungen, um ihren Sinn klarzumachen.

Verfolgungsträume
Sind Sie in einer schwierigen Lage? Sind Sie Gefühlen ausgeliefert, die außer Kontrolle zu geraten drohen? Werden Sie durch jemandes Aggressionen schikaniert? Haben Sie Schuldgefühle oder Angst, ertappt zu werden? Versuchen Sie, wegen etwas ungeschoren davonzukommen? Sind Sie in derselben Lage wie als Kind, als Sie sich von Mächten bedroht fühlten, die stärker als Sie waren?

Farbe in Träumen

Farbe kann in Träumen viele Gefühle und Vorstellungen ausdrükken. Grün und Rot erscheinen am häufigsten und können jeweils die volle Bandbreite emotionaler Reaktionen hervorrufen. Grün kann zum Beispiel die Bedeutung der Lebensbereicherung, der Nahrung und Pflege haben oder aber negative Bedeutungen wie Neid, Eifersucht oder Boshaftigkeit annehmen. Rot kann sich auf Leidenschaft, Erregung, Gefahr beziehen oder spezifischere Bedeutungen haben, wie der rote Fleck, der auf die Regelblutung der Frau hinweist. Gelb kann Glänzendes, Idyllisches, Aufregendes oder Furcht und Feigheit nahelegen. Blau kann sowohl auf Offenheit als auch auf melancholische Introvertiertheit hinweisen. Sogar die Farbe Schwarz kann positive wie negative Konnotationen haben: Sie kann sich auf schreckliche Ahnungen beziehen, auf düstere Stimmungen, Angst, Gefahr – oder aber auf tröstliche Vorstellungen von der Nacht.

In unseren eigenen Träumen greifen wir oft auf spezifische Farben zurück, um besondere Stimmungen oder spezifische Erinnerungen darzustellen. Für eine Träumerin bezog sich Gelb immer auf ihre Mutter wegen der charakteristischen gelben Schürze, welche diese trug. Wichtig ist also, darüber nachzudenken, welche Farben jeweils in Ihrem Leben eine Bedeutung hatten.

Menschen in Träumen

Menschen eignen sich genau wie Objekte für den metaphorischen Ausdruck in Träumen. In unseren Träumen auftauchende Leute können uns bekannt oder unbekannt sein, am Leben oder tot, berühmt oder unbedeutend. Wir können gegenwärtig mit ihnen beschäftigt sein, oder sie können der Vergangenheit entstammen. Sie können klar im Bild sein oder als vage Figuren erscheinen, die schwer zu beschreiben sind.

Die Menschen in unseren Träumen können die gleichen sein wie in unserem Wachleben, aber in ihrem Wesen erscheinen sie uns nicht so, wie wir sie gewöhnlich erleben. Vielleicht stehen sie so vor uns, weil sich in unserer Beziehung zu ihnen eine bislang entweder nicht vorhandene oder nicht wahrgenommene Spannung zeigt, zum Beispiel wegen etwas Neuem, das wir an ihnen erleben, oder wegen etwas Neuem in uns selbst. Mit andern Worten: daß das Wesen jenes Menschen in unserem Traum in Erscheinung tritt, kann auf eine Veränderung in unserer Beziehung zueinander hindeuten. Oder aber wir bringen die Person ins Spiel wegen einer Eigenschaft in uns selbst, die wir mit deren Charakterzug assoziieren, jedoch an uns selber erst wahrzunehmen beginnen.

Ferner gibt es Träume, in denen Menschen, die uns etwas bedeuten, mehr oder weniger so erscheinen, wie sie auch im Wachleben sind. In diesen Fällen geht es um die für uns wichtige Beziehung als solche. Wir beschäftigen uns mit ihr, und deshalb werden wir, sobald sich in ihr emotional etwas verändert, auch von ihr träumen.

Wenn in unseren Träumen Menschen aus unserer Vergangenheit wieder auftauchen, mit denen wir an sich wenig zu tun hatten, oder wenn wir von Menschen träumen, die uns im Wachleben wenig oder überhaupt nichts bedeuten, dann geschieht dies vermutlich deshalb, weil jene Personen etwas veranschaulichen, das wir bei uns selber oder bei jemandem, der uns im Augenblick nahesteht, eben erst zu spüren oder zu fühlen beginnen.

Sind Traumfiguren vage, verschwommen, nicht eindeutig, so hat dies oft irgend etwas mit uns selber zu tun. Es können zum Beispiel Männlichkeit und Weiblichkeit nebeneinandergestellt werden, um die in uns existierende jeweils andere Seite hervorzuheben.

Wichtige Beziehungen enden nicht mit dem Tod. Deshalb gelten dieselben Möglichkeiten, wenn wir von jemandem träumen, der gestorben ist.

Die Eigenschaften berühmter Leute berühren uns oft auf persönliche Weise, und wir können diese Affinität ausdrücken, indem wir irgendeine Koryphäe in unsere Träume einbeziehen.

Wenn Leute in großer Anzahl auftreten, kann sich dies auf eine besondere Szene oder ein besonderes Ereignis beziehen: eine Party, ein Picknick, eine bedrohliche oder unterstützende Macht.

Wortspiele

In unseren Träumen unternehmen wir mit der Sprache interessante Dinge. Wir sind äußerst talentierte Wortspielmacher. Wir erfinden neue Wörter. Wir haben Spaß mit doppelten Bedeutungen. Wir gebrauchen alte Wörter in seltsamer oder anscheinend unangemessener Weise. Wir schaffen neue Zusammensetzungen von Wörtern. Wir tun all dies, um uns die Gefühle über uns selbst klarzumachen. Diese Manipulation von Sprache ist eine beliebte metaphorische Taktik. Die Namen von Leuten oder Plätzen liefern auch reiche Möglichkeiten für Wortspiele und Mehrdeutigkeiten.

Eine Frau träumt, einen verflossenen Liebhaber in Connecticut zu treffen: Sind sie nun verbunden (*connected*), oder sind die Beziehungen gelöst (*connections cut*)?

Eine Frau träumt von einem Mann namens Israel. Sie scheint sich zu fragen: Ist er echt (*Is he for real*)?

Eine Frau mit dem Namen Janice taucht in einem Traum auf, und es wurde deutlich, daß die Bedeutung die von Janus ist, dem altrömischen Gott mit den zwei Gesichtern.

Zeit und Raum

Beim Nachdenken über unsere Traummetaphorik sollten wir unbedingt in Rechnung stellen, wie willkürlich wir mit den Raum-Zeit-Verhältnissen umgehen, wenn wir Dinge ausdrücken wollen, die emotional miteinander verbunden sind. Subtil oder kühn kombinieren wir Vergangenheit und Gegenwart. Wir können uns selbst oder andere als jünger oder in verschiedenen Altersstufen im selben Traum träumen. Die Zeit kann schnell oder langsam vergehen. Es kann den Anschein haben, daß Ereignisse keinerlei logischer, zeitlicher Reihenfolge unterliegen. Die natürliche zeitliche Folge der Dinge interessiert uns also nicht, sondern eine Zeitwiedergabe, die uns ermöglicht, unsere Gefühle anschaulich darzustellen. In derselben Weise wird der Raum gehandhabt. Die Größe von Objekten oder Leuten, die angezeigten Distanzen, die Orientierung nach rechts, links, oben oder unten sind alles Fingerzeige für irgendeinen metaphorischen Ausdruck.

Der Kontext des Traums

Die Arbeit, die wir mit Gefühlen, Assoziationen und Metaphern leisten, kann eine befriedigende Bedeutung dessen, was der Traum sagt, erbringen oder auch nicht. Oft werden wir als erstes jene relevanten Erfahrungen des Wachlebens bestimmen müssen, die als Ordnungskern des Traums dienten. In seinem Werk »Die Traum-

deutung« bezeichnete Freud dies als Tagesreste und stellte hierfür die folgenden fünf Gruppen auf:
»1. Das während des Tages durch zufällige Abhaltung nicht zu Ende Gebrachte, 2. das durch Erlahmen unserer Denkkraft Unerledigte, das Ungelöste, 3. das bei Tag Zurückgewiesene und Unterdrückte. Dazu gesellt sich als eine mächtige 4. Gruppe, was durch die Arbeit des Vorbewußten tagsüber in unserem Ubw [Unbewußten] regegemacht worden ist, und endlich können wir als 5. Gruppe anfügen: die indifferenten und darum unerledigt gebliebenen Eindrücke des Tages.«

Ich ziehe es vor, von diesen bedeutsamen Ereignissen als vom *gegenwärtigen Kontext des Traums* zu sprechen. Etwas in diesem Kontext wird von uns als neu, ungewöhnlich oder herausfordernd angesehen. Wir sind uns seiner vielleicht nur schwach, beiläufig und am Rande bewußt, aber es verschwindet doch nicht. Es berührt einen ungeklärten Teil der emotionalen Vorgänge in einer sensiblen Zone unseres Innern. Es verhält sich wie eine Art emotionaler Zeitbombe, die während des Tages so leise tickt, daß wir sie gar nicht hören. Sie geht los, sobald wir zu träumen beginnen.
Gedanken vor dem Einschlafen liefern oft einen wichtigen Hinweis zum Kontext des Traums. In der friedlichen Stille der Schlafenszeit scheinen wir die Bühne für die kommenden Träume aufzubauen. Seien Sie bewußt bemüht, sich jene Gedanken und Gefühle ins Gedächtnis zu rufen, die Sie direkt vor dem Einschlafen hatten. Wenn dies keinen Hinweis zu den Traumbildern liefert, dann gehen Sie im Detail all das durch, was Sie am Tag vor dem Traum getan haben.
Sofern es uns nicht gelingt, die Brücke zwischen den Traumbildern und unserem gegenwärtigen Lebenszusammenhang zu schlagen, wird uns das erregende Gefühl der Gewißheit über den Sinn des Traums wahrscheinlich versagt bleiben. Ein Traum, der in einem zeitlichen Vakuum hängenbleibt, getrennt von seinem unmittelbaren Kontext, kann wohl intellektuell stimulieren, wird jedoch eine blasse, abstrakte Nachbildung dessen sein, was er sein könnte. Wenn Sie den Kontext mit den Traumbildern in Verbindung bringen können, dann sind Sie auf dem rechten Weg, den Traum zu verstehen.

Oft, wenn auch nicht immer, können wir die Beziehungen eines Traums zu Erlebnissen der Vergangenheit verfolgen. Solche Erinnerungen werden unser Verständnis der Bedeutsamkeit des gegenwärtigen Kontexts bereichern und ausweiten, so wie die Einsicht in den gegenwärtigen Kontext unser Verständnis der Bedeutsamkeit bestimmter vergangener Erfahrungen fördern kann. In diesem Sinne können Träume als multidimensionale Begegnungen mit besonderen Ergebnissen angesehen werden.

Die Untersuchung der einzelnen Traumsequenzen ebenso wie die einer Reihe von Träumen, die in derselben Nacht auftreten, wird uns helfen, den Bildern nachzuspüren. Wenn wir uns an zwei oder mehr Träume in einer Nacht erinnern, kann die Arbeit mit jedem von ihnen Licht auf die anderen werfen. Sobald ein Problem von großer Wichtigkeit ist, taucht es leicht in allen Träumen auf, obwohl es keine direkten Zusammenhänge geben mag. Die Traumsequenz kann eine Abfolge verschiedener Wege anzeigen, mit dem Problem umzugehen, wobei der jeweils nachfolgende Weg sich aus den Bemühungen der vorherigen Sequenz entwickelt.

Das Wissen über uns auszugraben, das die Träume enthalten, fordert zur Nutzung unserer kreativen Möglichkeiten auf. Wir müssen unserer Phantasie nur freien Lauf lassen. Wir müssen mit den metaphorischen Möglichkeiten der Traumbilder spielen, selbst wenn uns dies an Orte führt, an die wir lieber nicht gehen würden.

Das persönliche Symbolbuch

Wenn Sie über Ihre Träume Bericht führen, sollten Sie dabei auch alle realen Ereignisse aufschreiben, die mit speziellen Traumbildern verbunden zu sein scheinen. Dies wäre der Beginn für den Aufbau eines eigenen, persönlichen Symbolbuchs. Bestimmte Farben können auf bestimmte Erfahrungs- oder Gefühlskategorien hinweisen, jedesmal wenn sie in Ihren Träumen auftauchen, und spezielle Gegenstände können als sinnvolle Selbstbilder dienen. Der eine Träumer sieht sich beständig als Schiffskapitän, General oder Orchesterleiter. Der nächste wird das Bild eines alten, zerdellten, aber unverwüstlichen Volkswagens als Selbstbild verwenden. In ihren Träumen zitierte eine ältere Frau das Bild eines längst verstorbenen jungen Geliebten herbei, sobald sie sich frustriert und sexuell unbefriedigt fühlte. Römische Szenen erschienen bei einem jungen Mann italienischer Abstammung immer dann, wenn er die Atmosphäre seiner amerikanischen Heimat als zu bedrückend empfand. Jegliche Bezüge auf Essen oder Kochen hatten in den Träumen einer jungen Hausfrau sehr negative Assoziationen: Ihre Mutter hatte dem Essen viel zu große Bedeutung beigemessen.

Sie werden herausfinden, daß Ihre eigenen Traumbilder als Wegweiser zu bestimmten Spannungen und Problembereichen dienen. Wenn Sie diese alle aufschreiben, haben Sie das einzige Symbolbuch zur Hand, das ganz auf Sie selber abgestellt ist, weil es auf Ihren eigenen Träumen beruht.

Selbst dann sollten Sie darauf achten, nicht irgendeine äußere Deutung den Sinn, den Sie Ihren Träumen geben, bestimmen zu lassen. Halten Sie Ihr Symbolbuch auch immer auf dem neuesten Stand. Metaphern können für Sie ihre Bedeutung verändern, sobald sich die Bereiche Ihrer Erfahrung erweitern und Sie befriedigendere Möglichkeiten der Problemlösung lernen.

Patricia Garfield

Wie wir die Traumkontrolle entwickeln können

In Ihnen schlummert eine Quelle großer Weisheit, zu der Sie gelangen, wenn Sie sich kreativ mit Ihren Träumen auseinandersetzen. Ich habe verschiedene Arten der Traumkontrolle beschrieben, von denen wir lernen können, und die sich auf unser eigenes Traumleben anwenden lassen. Träumer der Antike, kreative Träumer, träumende amerikanische Indianer, Senoi-Träumer, ein träumender Yakui-Indianer, luzide Träumer und wachbewußt träumende Yogis – sie alle lehren uns, wie wir mit den Träumen umzugehen haben. Es ist jedoch wichtig zu erkennen, daß Sie am meisten von Ihren eigenen Träumen lernen können. Wenn Sie Ihr eigenes Traumtagebuch eine Zeitlang geführt haben und es sorgfältig durcharbeiten, werden Sie vieles über sich selbst erfahren, was Sie weder aus Büchern, noch von einem Psychotherapeuten oder auf irgendeine andere Weise lernen können.

Was sollen wir von den Menschen halten, die während vieler Jahre sorgfältig ihre Träume aufgezeichnet haben? Wer sind sie? Was haben sie entdeckt? Viele Traumforscher besitzen Traumaufzeichnungen anderer Leute, von ihren Patienten oder ihren Versuchspersonen, behalten aber ihre eigenen Träume meistens für sich. Es gibt nur sehr wenige, die ihre eigenen Träume regelmäßig aufgezeichnet und uns die Unterlagen zugänglich gemacht haben. Diese sehr persönlichen Dokumente wurden oft verschlüsselt, wieder zurückgezogen oder gar zerstört.

Von Sigmund Freud, dem Vater der Psychoanalyse, wurde zum Beispiel behauptet, er habe ein ausführliches Traumtagebuch geführt, »aber es wurde anscheinend im April 1885 zerstört, als Freud achtundzwanzig Jahre alt war, zusammen mit Tagebüchern, die er vier-

zehn Jahre lang geführt hatte«. Seine Begründung: »Das Zeug hüllte mich ein wie der Sand die Sphinx.« Für die in seinem Buch »Die Traumdeutung« dargelegte Theorie verwendete Freud 47 seiner eigenen Träume, auf die er sich stark bezog. Abgesehen von diesen 47 Träumen und anderen gelegentlichen Hinweisen wissen wir nur wenig über seine Traumaufzeichnungen und die Art, wie er sie durchführte. Vielleicht wären wir heute besser dran, wenn er uns sein Traumtagebuch hinterlassen hätte.
C. G. Jung dagegen harrte länger aus und beachtete seine Träume mehr. Einige seiner Originalaufzeichnungen sind noch erhalten. Nach seinem Bruch mit Freud war Jung innerlich verunsichert, und das veranlaßte ihn, sich zurückzuziehen. Seine Phantasien nahmen ihn ganz in Anspruch, und er versuchte, sie zu verstehen. Zuerst schrieb er sie (die Tagesphantasien und die Träume) in sein »Schwarzes Buch«, das schließlich sechs schmale, ledergebundene kleine Bände umfaßte. Später übertrug er sie in das »Rote Buch«, einen in rotes Leder gebundenen Folioband. Dieser enthielt die gleichen Phantasien in ausgearbeiteter Form und Sprache und in kalligraphischer gotischer Schrift, nach Art mittelalterlicher Handschriften. Als er begonnen hatte, seine Phantasien aufzuschreiben und mit ihnen zu arbeiten, war er von deren Übermacht so beeindruckt, daß er seine Vorlesungen an der Universität aufgeben mußte. Er fühlte, daß er über sich selbst noch viel zu wenig wußte. Er gab daher seine akademische Laufbahn auf und widmete sich während etwa vier Jahren dem Versuch, sein Phantasie-Leben zu verstehen. Wie Freud fühlte er sich überwältigt. Der wissenschaftliche Standpunkt war sein Mittel, um sich aus dem Chaos herauszuwinden, sonst hätten ihm die Phantasien »angehaftet wie Kletten oder Sumpfpflanzen«. Er sagt auch, seine Familie und sein Beruf hätten ihm einen starken Halt in der Welt der Realität gegeben. Jung legte besonderen Wert darauf, täglich Zeichnungen eines Mandala zu machen, denn er fühlte, daß es Kryptogramme des momentanen Zustandes seines Selbst waren. Aus einer Reihe solcher Mandalas konnte er seine psychischen Veränderungen von Tag zu Tag ablesen. Das Material, das in dieser Zeit seines intensiven Selbststudiums aus ihm auftauchte, bildete die Grundlage seines Lebenswerkes:

»Heute kann ich sagen: ich habe mich nie von meinen anfänglichen Erlebnissen entfernt. Alle meine Arbeiten, alles, was ich geistig geschaffen habe, kommt aus den Initialimaginationen und -träumen. 1912 fing ich es an, das sind jetzt fast fünfzig Jahre her. Alles, was ich in meinem späteren Leben getan habe, ist in ihnen bereits enthalten, wenn auch erst in Form von Emotionen oder Bildern«.

Jung fühlte, daß die Jahre, in denen er sich ständig mit seinen inneren Bildern beschäftigte, die wichtigsten seines ganzen Lebens waren. Obgleich er sich zunächst von seinen Phantasien fast überschwemmt fühlte, bildeten sie die Grundlage, die ihn sein ganzes Leben lang beschäftigte, und aus der er von sich selbst lernen konnte. Und dieses Werk beeinflußte wiederum das Leben vieler anderer.
Sie werden wahrscheinlich nicht in der Lage sein, mehrere Jahre ihres Lebens der intensiven Erforschung Ihres Traumgeschehens zu widmen. Werfen Sie aber auch nicht wie Freud das möglicherweise Wertvollste weg, das Sie besitzen, weil Sie sich überwältigt fühlen. Weder das eine noch das andere Extrem ist erforderlich. Sie können schon sehr viel aus Ihren Träumen lernen, wenn Sie über einen längeren Zeitraum bescheidenere Aufzeichnungen machen. Zwischendurch haben Sie unter Umständen auch einmal Lust, über eine kürzere Zeitspanne die Registrierung zu intensivieren.
Der amerikanische Psychologe Julius Nelson führte drei Jahre lang (von 1884 bis 1887) sorgfältig Buch über seine Träume und zeichnete im Jahr über 1000 Träume auf, was darauf schließen läßt, daß seine Erinnerung nach den REM-Phasen ziemlich vollständig war. Nelson bemerkte eine erstaunliche Schwankung des *Umfanges* seiner Traumerinnerungen: Das regelmäßige Auf und Ab hing mit dem Mondzyklus zusammen. Nelson vermutete, daß dies auch bei den Frauen der Fall sei, zumal deren Menstruationszyklus dem Mondmonat entspricht.
Diese Idee machte mich neugierig, und ich begann meine Traumaufzeichnungen unter diesem Gesichtspunkt zu untersuchen. Ich verglich den Umfang meiner Traumerinnerungen mit meinem Menstruationszyklus (über den ich aus verschiedenen Gründen unabhängig von den Träumen Aufzeichnungen mache). Tatsächlich trat

ein grundlegendes Muster der Traumerinnerungen zutage: Während der Monatsblutung ist die Erinnerung an die Träume geringer (die ersten fünf Tage des Menstruationszyklus, wobei der erste Tag der Blutung als Tag 1 bezeichnet wird). Dann gibt es einen Höhepunkt etwa in der Mitte des Zyklus (6.–19. Tag), und ein weiterer Zeitraum mit geringerem Erinnerungsvermögen kurz vor Beginn der nächsten Regelblutung (für mich der 20.–27. Tag). *Kurz vor und während der Monatsblutung habe ich die meisten Träume nicht erinnern können.* Auch andere Faktoren wie Krankheit und Ermüdung zeigen Auswirkungen, aber geringere als die einzelnen Stadien des Menstruationszyklus. Später fand ich, daß ein Biologe ähnliche Untersuchungen in einem Schlaflabor durchgeführt hatte. Er maß die Zeitdauer der REM-Phasen und nicht den Umfang des Traumerinnerungsvermögens und erhielt ähnliche, aber keinesfalls identische Resultate. Der Wert dieses Untersuchungsergebnisses – wenigstens für Frauen – liegt in der Erkenntnis, daß es ganz normal ist, wenn die Traumerinnerung vor und während einer Monatsblutung abnimmt. Sie wird sich anschließend wieder normalisieren und in der Mitte des Zyklus ihren Höhepunkt erreichen. Eine Frau, die sich von Träumen »überflutet« fühlt, kann sicher sein, daß ihre Traumerinnerungen nicht mehr weiter ansteigen werden, sondern bald für eine gewisse Zeit wieder abebben. Ob die Männer im allgemeinen einen rhythmischen Wechsel der Traumerinnerung wie Nelson erleben, ist zur Zeit noch nicht bekannt. Wir wissen auch nicht, ob die REM-Phasen der Männer ähnliche monatliche Schwankungen aufweisen, wie die der Frauen. Ferner ist noch unbekannt, was die Ursache für die monatlichen Schwankungen in bezug auf die Träume und Traumerinnerungsvermögen bei Frauen ist. Wir haben noch viel zu lernen. Immerhin haben uns die langfristig und sorgfältig durchgeführten Traumaufzeichnungen einzelner Träumer viel gezeigt, das für alle Träumer gilt, und Wege zu neuen Erkenntnissen gewiesen. Wer weiß, was Sie alles entdecken werden, wenn Sie Ihre Träume studieren?!

Wenn Sie über eine ganze Reihe von Träumen verfügen, sind Sie besser imstande, sie zu prüfen und etwas aus ihnen zu lernen, als bei einzelnen Träumen. C. G. Jung beobachtete, daß bei der Untersuchung ganzer Traumserien bestimmte Themen immer wieder auftreten. Durch solche Wiederholungen werden persönliche Dinge hervorgehoben und auffallende Unterlassungen offenbar. Für Calvin Halls umfangreiche Untersuchungen über geoffenbarte Trauminhalte waren ganze Traumsammlungen von z. B. 100 Träumen einer einzelnen Person sehr nützlich, weil er daraus ein genaues und umfassendes Bild des betreffenden Träumers erstellen konnte. Sobald Ihr Traumtagebuch umfangreicher geworden ist, werden Sie auch mehr und manchmal Verblüffendes über sich selbst in Erfahrung bringen.

Sie können Erstaunliches über sich selbst erfahren, wenn Sie die ungewöhnlichen Bilder in Ihren Träumen beobachten, in denen oft seltsame Geschöpfe und Dinge auftreten: ein langes pelziges weißes Vogelwesen mit Hunderten von Beinen, die über den Schnee gleiten und tanzen (der wundersame Schneevogel); ein Wesen so rund wie ein Ball, voller Federn und mit dunklen Augen, das auf einer Steinmauer hockt (der Puffball); eine kleine grüne Frau mit einer Seerose auf ihrem Gesäß, die in einem Teich schwimmt und taucht (die Seerosendame); ein Gegenstand halb so groß wie eine Apfelsine und von derselben Farbe, die mit Zuckerwerkstückchen bedeckt ist und sich in ein Schmuckkästchen verwandelt...

Jedes dieser besonderen, ganz persönlichen Bilder gibt uns die Gelegenheit, mehr über uns zu erfahren. Treten ähnliche Bilder in einer Reihe von Träumen auf, dann wird der Träumer darauf aufmerksam gemacht, daß er unbedingt auf sie achten soll. Nach Ernest Rossi, einem amerikanischen Traumforscher, stellt jedes Traumbild, das einmalig, wunderlich, fremdartig oder stark idiosynkratisch ist, einen neu in Erscheinung tretenden Teil des Träumers dar, aus dem sich ein neues Selbstverständnis entwickeln kann. Einzigartige Traumbilder tragen zur Entwicklung Ihrer Persönlichkeit bei. Wer über ein ungewöhnliches Traumbild nachdenkt, kommt nach Rossi zu neuen Erkenntnissen, die integriert werden können und eine neue Identität formen. Damit wird man fähig, sich im wachen Leben auf eine andere Weise als zuvor zu verhalten. Und diese Verhaltensänderung führt wieder zu neuartigen Erlebnissen und Gefühlen, die ihrerseits auf die Ausbildung der Träume zurückwirken. Auf diese Weise wird die nächste Windung der Wachstumsspirale erreicht.

Dieser Vorgang der Integration neuer Erkenntnisse, die man aus Traumbildern gewonnen hat, wird Psychosynthese genannt. Die Betonung liegt dabei nicht auf der Analyse einzelner, aus dem gesamten Traumgeschehen herausgegriffener Teile wie in der Psychoanalyse, sondern eher auf der Einbeziehung der Traumbilder in das augenblickliche Selbstverständnis, so daß sich durch den Einbezug eine neue Form entwickeln kann. Ich benutzte die Psychosynthese zum Beispiel bei folgendem überraschenden Traum:

Ich bin mit einer Gruppe von Fachleuten in einer Konferenz. Zuerst sitze ich auf dem Boden oder auf einer Bank so nahe bei meinem Mann, daß ich ihn berühre. Mein Mann hat mit seinem Bruder einen Gedankenaustausch, während ich in einen Spiegel schaue und sehe, daß mein Haar lang und wellig ist, und ich einen langen Rock trage. Ich probiere verschiedene Frisuren aus. Ich halte mein Haar hoch und finde, daß es mir gut steht. Ich lasse einen Teil an jeder Wange herunterhängen und finde es so noch besser. Ich muß es noch auf eine andere Art versuchen. Es überrascht mich, daß ich an Veränderungen wie diesen tatsächlich meine helle Freude habe. Ich werde mein Haar sogar noch länger wachsen lassen.
An der Konferenz wird über verschiedene Aspekte des Träumens gesprochen. Mehrere Leute haben über die Symbolik des Wortes »leaving« (verlassen) gesprochen, das sich auch auf »leaves« (Blätter) bezieht, die vom Baum abfallen. Nun sitzen mein Mann und ich auf Stühlen in der vordersten Reihe. Alle haben begonnen zu essen. Ich stehe auf und sage: »Wir haben über ›leaving‹ gesprochen und jetzt möchte ich über ›branching‹ (Verzweigung, Verästelung) reden. Ich hatte einige Träume, die vom Wachsen handelten. Zum Beispiel wuchsen aus dem Kopf einer Frau Äste, die wie Geweihe aussahen. Es waren sehr viele, und es sprossen immer mehr und verzweigten sich ständig, bis es dicht und undurchdringlich wurde.« Ich beschreibe das Bild noch genauer, steigere mich regelrecht hinein, werde ganz aufgeregt und ende mit einer schwülstigen Redewendung. Alles bleibt für einen Moment still. Mein Mann beugt sich zu mir hinüber, küßt mich auf die Wange und sagt: »Das hast du wirklich gut gemacht.« Der Konferenzleiter, an den ich mich zur Hauptsache gewandt hatte, steht auf und holt sich noch mehr zum

Essen. Niemand antwortet auf meine Ausführungen. Ich fühle mich frustriert und doch gleichzeitig heiter, weil ich mich geäußert habe. Als Gebäck aufgetischt wird, ist mein Lieblingskuchen nicht darunter, doch ein blondes Mädchen und ich essen, so viel wie wir wollen, von einer auseinandergebrochenen Ananastorte.
(»Die sich verzweigende Frau« – 9.3.73)

Dieser Traum drückt zum Teil meine Frustration aus, die ich kurz vor der Billigung meines ersten wissenschaftlichen Vortrages über Träume empfand: Niemand außer meinem Mann hörte zu und spendete Beifall. Wenden wir uns dem eigenartigsten Traumbild zu, ohne die anderen Symbole näher zu betrachten, der Frau, die sich verzweigte. Was stellte sie dar? Ich konnte mich nicht erinnern, jemals zuvor einen solchen Traum gehabt zu haben. Oder täuschte mich da etwa mein Erinnerungsvermögen? Ich holte meine umfangreichen Aufzeichnungen hervor und blätterte sie zurück, auf der Suche nach anderen sich verzweigenden Frauen. Die Skizzen von ungewöhnlichen Traumbildern, die ich am linken Rand zu machen pflege, waren mir dabei eine Hilfe.
Zwei Jahre zurück fand ich einen fremdartigen ähnlichen Traum. Am 1. Mai 1971 träumte ich von der Entdeckung einer großen Kraft in mir: Ich merkte, daß ich die Ranken einer eigenartigen, blaublühenden Pflanze, vor der ich mich leicht ängstigte, allein durch meinen inneren Wunsch zwingen konnte, sich zu mir hinzuwenden. Dann brauchte ich nur »Auf!« oder »Ab!« zu sagen, und die Ranken gehorchten. Dasselbe ließ sich auch mit meinen Haaren machen, was ein ähnliches Bild wie die verzweigte Dame ergab, und dann sogar mit meinem ganzen Körper, der in der Luft auf und ab schwebte. Ich führte das alles meinem Mann vor, der sehr beeindruckt war. Diese Entdeckung war für mich äußerst aufregend: es war mir möglich, mittels eines bestimmten Geisteszustandes solche Veränderungen zu bewirken, aber gleichzeitig fürchtete ich mich irgendwie davor, daß diese Kraft außer Kontrolle geraten könnte.
Obwohl diese beiden Traumbilder nicht gleich waren, führte ihre Ähnlichkeit zu der Erkenntnis, daß Haare in meinen Träumen auch Wachstum symbolisieren. Also überlegte ich mir, daß ich im Traum in der Frau, die sich verzweigte, mich selbst im Spiegel gesehen hatte

(Selbst-Reflexion), wie ich mir das Haar hochstellte, dadurch meine Freiheit fand und beschloß, es wachsen zu lassen. Dieses Mal akzeptierte ich das Wachsen, ohne mich davor zu fürchten. Ich entdeckte dann noch weitere Träume, in denen geweihartige Verästelungen vorkamen. In einem fand ich ein nebensächliches Detail einer Geschichte, in der die weibliche Hauptfigur zwei kleine verästelte Geweihe trug. In einem anderen Traum hatte ein Mädchen eine Kappe auf, aus der viele grün belaubte Zweige sprossen. Auch das war nur ein nebensächlicher Aspekt eines Traumes, bei dem eine andere Handlung im Mittelpunkt stand. Im Traum von der sich verzweigenden Frau, erhielt das Bild zentrale Bedeutung und konnte nicht länger übersehen werden. Indem ich darüber nachdachte und seine Entstehung während der letzten beiden Jahre verfolgte, wurde ich mir meiner kreativen Entwicklung, meines »Austreibens neuer Zweige« bewußt. Das verhalf mir zu einem neuen Verständnis meiner Persönlichkeit und machte es mir leichter, mich offen auf kreative Weise zu verhalten. Ich formte im Wachzustand das Traumbild der »Astfrau« aus Ton – ein Werk, das mich zutiefst befriedigte. Auch Sie tragen solche Bilder, die Wachstum ausdrükken in Ihrem Inneren. *Achten Sie auf ungewöhnliche Traumbilder, denken Sie darüber nach. Verfolgen Sie deren Veränderungen in Ihren gesamten Traumaufzeichnungen, und geben Sie ihnen Gestalt im wachen Leben. Machen Sie Ihre Traumbilder zu einem Teil Ihrer bewußten Persönlichkeit: So gestalten Sie aus Ihrem Traumzustand ein neues, besseres Selbst und lernen zugleich von sich selbst.*
Auf welche Art Sie mit Ihren einzigartigen Traumbildern in Beziehung treten, bestimmt Ihre zukünftige seelisch-geistige Entwicklung:

Wenn wir die neuen Bilder nicht beachten, verpassen wir eine Entwicklungsmöglichkeit; verwerfen wir sie absichtlich, dann nehmen sie bösartige und beängstigende Formen an, die uns möglicherweise bis zu einem Grad verwirren, wo wir geisteskrank werden; beziehen wir sie aber in ein fantasievolles Drama und in einen Dialog mit ein, so werden sie uns zu neuen Erkenntnissen führen und damit zu einer neuen Persönlichkeit und zu neuen Verhaltensweisen.

In einem Traum muß der Träumer eine aktive Rolle spielen, wenn er die neu auftauchenden Elemente integrieren will. Wer sich aktiv mit seinen Traumbildern befaßt, beeinflußt damit auch sein Verhalten im wachen Leben. Dafür ist das Senoi-Konzept besonders hilfreich. Träume, in denen Sie von Ihren Traumbildern gejagt, mißbraucht, nicht beachtet oder frustriert werden, verursachen einen »Traumkater«, der Ihre täglichen Arbeiten überschattet. Träume dagegen, in denen Sie sich erfolgreich zur Wehr setzen, wundervolle Erfahrungen machen oder kreative Dinge entdecken, überschütten Sie mit einem »Goldstaub«, der Sie zuversichtlich, glücklich und tatenfroh in den neuen Tag hinein begleitet.
Ich habe verschiedene Wege aufgezeigt, wie Sie den Inhalt Ihrer Träume bewußt beeinflussen können. Nun will ich sie unter folgenden Gesichtspunkten zusammenfassen! Was haben die Systeme der Traumkontrolle gemeinsam? Welche allgemeinen Regeln lassen sich aus ihnen ableiten? Wir können ein allgemeines System für kreatives Träumen aufstellen, indem wir unser Verhalten vor, während und nach dem Träumen beeinflussen.
In jedem System, das wir kennengelernt haben, ist die Einstellung des Träumers von größter Wichtigkeit. Mit dem kreativen Träumen ist es ähnlich wie mit der Liebe – haben Sie es noch niemals erlebt, können Sie es kaum glauben, daß Ihnen selbst so etwas geschehen könnte. Wenn die Liebe aber einmal für Sie Wirklichkeit geworden ist, wird kein Zyniker auf Erden Sie davon überzeugen können, daß es die Liebe nicht gibt. Und genauso ist es mit dem kreativen Träumen. Wenn Sie auch nur ein einziges Mal während eines Traumes sich der Tatsache voll bewußt gewesen sind, daß Sie träumen, dann *wissen* Sie um diese Möglichkeit. Haben Sie einmal in einem Traum ein eigenes Gedicht gehört, ein Gemälde gesehen oder die Lösung eines Ihrer Probleme erfahren, dann *wissen* Sie, daß man so etwas träumen kann. Von diesem Augenblick an werden Sie immer wieder aus Ihrem Traumzustand Inspirationen und Hilfe zu erlangen suchen. Manchmal mögen Sie enttäuscht, ein anderes Mal sogar beunruhigt sein, aber Sie kennen die Möglichkeiten, die im Traumzustand liegen und kümmern sich deshalb liebevoll um diese Beziehung. Jene aber, die »nicht an Träume glauben« oder sie als Unsinn betrachten, erinnern sich nicht an ihre Träume.

Träume sind genau das, was Sie aus ihnen machen. Betrachten Sie Ihre Träume als bedeutungsvoll, dann werden Sie bedeutungsvoll träumen und sich an bedeutungsvolle Träume erinnern. Sind für Sie die Träume kreativ, dann träumen Sie kreativ und erinnern sich auch an kreative Träume. Der Traumzustand antwortet stets auf die Vorstellungen, die Sie von ihm im Wachzustand haben. Die Auffassung, daß der Sinn des Lebens der Sinn ist, den wir ihm geben, trifft vielleicht auch auf die Träume zu: die Bedeutung der Träume entspricht der Bedeutung, die wir ihnen zusprechen.

Der allererste Schritt zum kreativen Träumen besteht darin, die Träume als einen wichtigen und bedeutenden Aspekt des Lebens anzuerkennen. Wenn Sie nicht dieser Auffassung sind, so übernehmen Sie diese einmal nur versuchsweise für eine gewisse Zeit. Sie können auf alle Fälle auf Ihre gewohnte Art weiterträumen, aber mit größter Wahrscheinlichkeit werden Sie gute Ergebnisse erzielen, wenn Sie Ihre Träume für wertvoll halten. Wir haben gesehen, wie wichtig Träume für den Wachzustand sind, wenn sie im Leben der Gesellschaft eine Rolle spielen. Da unsere Gesellschaft den Menschen nicht für seine Träume belohnt, müssen Sie sich selbst die entsprechende Genugtuung für das im Traum Erreichte geben. Sie werden reichlich belohnt, wenn Sie Ihre Träume guten Freunden erzählen können, Einsichten gewinnen und erleben, wie Sie sich entfalten und wachsen.

Zur Hauptsache wird in diesem Buch dargestellt, daß es für einen Träumer möglich ist, den Inhalt der Träume sowohl ganz allgemein als auch im besonderen zu bestimmen und sich im Traumzustand bewußt werden, daß man träumt. Das geschah und geschieht immer wieder – in allen Kulturen, einschließlich unserer eigenen. Trauminduktion kann auch durch Hypnose und andere wirksame äußere Suggestionen erreicht werden, aber ich glaube, daß Autosuggestion bei weitem vorzuziehen ist. Der Träumer behält so die Kontrolle, er kann selbst bestimmen, wie schnell er vorwärtsgehen möchte und die Art der Traumauseinandersetzung wählen, die ihm am meisten zusagt. Autosuggestion ist für einen Träumer glaubwürdiger und wirkungsvoller als Suggestion durch andere. *Zusätzlich zur Anerkennung Ihrer Träume ist es wichtig, sich darüber klar zu sein, daß Sie das Traumgeschehen vorsätzlich beeinflussen können.*

Wir tragen eine riesige Bibliothek mit uns herum. Eine Unzahl von Bänden, endlose Sammlungen, die jede Erfahrung enthalten, die wir seit der Empfängnis gemacht haben. Alles wurde auf irgendeine Art, die wir nicht kennen, in unseren Gehirnen gespeichert. Je mehr wir erleben, Interessantes und Schönes, desto umfangreicher werden die Texte, die wir auf unseren Traumwanderungen aus den Regalen nehmen können. Alles ist vorhanden und uns zugänglich, es wartet nur darauf, gelesen, durchschmökert, sorgfältig geprüft und neu zusammengestellt zu werden – in eigene Kreationen und schöpferische Lösungen. Je umfangreicher Ihre Erfahrungen sind, desto größer sind die Chancen, außergewöhnliche Kombinationen zu schaffen. *Machen Sie umfangreiche und vielseitige Erfahrungen und entwikkeln Sie Ihre Fähigkeiten auf Gebieten, die Ihnen besonders zusagen. In Ihren Träumen können Sie dann über die Kenntnisse verfügen.*

Sie können das Auftreten kreativer Träume beschleunigen, wenn Sie sich ganz besonders mit dem speziellen Gebiet beschäftigen, von dem Sie träumen wollen. In jedem System wird auf diese Weise vorgegangen. Die Träumer der Antike konzentrierten sich auf die Gottheit, die ihnen erscheinen und sie heilen sollte; kreative Träumer wie Stevenson unternahmen große Anstrengungen, um eine neue Geschichte zu erfinden, bevor ihnen dann nach zwei bis drei Tagen der Traum das Gewünschte brachte; junge amerikanische Indianer ertrugen auf der Suche nach ihren Traumvisionen tagelang Hunger und Durst, dachten angestrengt über die Schutzgeister nach und warteten geduldig auf deren Erscheinen; die Senoi beschäftigen sich fast ausschließlich mit ihren Träumen; Don Juan forderte von Castaneda, er solle sich intensiv auf die ersehnten Traumbilder konzentrieren; Mary Arnold-Forster richtete ihre ganze Aufmerksamkeit auf Flug-Träume aus, die sie hervorrufen wollte; und die Yogis meditieren über die Trauminhalte, die erscheinen sollen. Mittels meditativer Übungen läßt sich möglicherweise die Traumkontrolle steigern. *Wovon Sie auch immer träumen wollen, versenken Sie sich vollständig darein, konzentrieren Sie sich bis kurz vor dem Einschlafen darauf.*

Einige der von uns betrachteten Systeme raten dem Träumer, sich an Aktivitäten zu beteiligen, die mit dem gewünschten Traum etwas zu tun haben: Die Träumer des Altertums verehrten ihren Gott und brachten ihm Opfergaben dar, wenn sie von ihm träumen wollten; die kreativen Träumer versenkten sich in die Dichtkunst oder versuchten alte Schriften zu entziffern; Mary Arnold-Forster beobachtete fliegende Vögel; Guareshi zeigte Margherita, wie man einen Fahrradschlauch wechselt – Handlungen, die als Hilfe gedacht waren, um einen bestimmten Traum hervorzurufen. Die Versenkung in etwas, von dem man träumen will, ist eine sehr hilfreiche Methode, aber eine *im Wachzustand ausgeführte Handlung* hat weiter reichende Auswirkungen als das bloße Nachdenken darüber. Viele Untersuchungen haben gezeigt, wie wichtig die persönlich ausgeführten Tätigkeiten für eine anschließende Veränderung der Verhaltensweise ist. Eine Untersuchung hatte zum Ziel, in einer Gruppe von 25 normalen Kindern Alpträume zum Verschwinden zu bringen, die infolge eines traumatischen Erlebnisses unter Schreckensträumen litten. Ein Kind wurde zum Beispiel mitten in der Nacht von Glockengeläut und dem Sirenengeheul der Feuerwehr aufgeschreckt, als das Haus auf der anderen Straßenseite in Flammen stand. Seither litt es unter Alpträumen, in denen Feuerwehrautos vorkamen. Die 25 Kinder wurden nun in verschiedene Gruppen eingeteilt. Die Kinder der einen Gruppe wurden gebeten, etwas zu wählen, von dem sie am liebsten träumen möchten, zum Beispiel von einem Besuch bei Kindern in einem anderen Land. Einer anderen Gruppe wurde gesagt, daß ihre Alpträume lächerlich seien und daß sie sich selbst einreden sollten, sie würden die ganze Nacht hindurch friedlich schlafen. Wieder andere Kinder wurden dazu angehalten, Dinge zu tun, die mit den schrecklichen Träumen in Beziehung standen. Der Junge, der von den Feuerwehrautos geträumt hatte, wurde zu einem Besuch auf der Feuerwache eingeladen, wo er mit den Feuerwehrmännern über ihre Arbeit und ihre Löschgeräte sprechen konnte. Alle 25 Kinder waren schließlich fähig, ihre Alpträume auszuschalten, aber diejenigen, die tagsüber eine Tätigkeit verrichteten, die mit dem Traumgeschehen in Zusammenhang stand, waren als Gruppe schneller erfolgreich als die anderen; ihre Alpträume verschwanden innerhalb von zwei Monaten. Drei Monate dauerte es bei jenen Kindern, die gebeten wurden, von erfreulichen Dingen zu träumen. Die Kinder der dritten Gruppe, denen man gesagt hatte, sie sollten ihre Alpträume einfach nicht beachten, brauchten im Durchschnitt fünf Monate, bis die schrecklichen Träume verschwanden. *Beschäftigen Sie sich tagsüber mit Dingen, die für die Umwandlung des Traumgeschehens relevant sind; setzen Sie sich direkt mit dem auseinander, wovon Sie träumen möchten, erleben Sie die negativen Dinge, von denen Sie träumen, auf positive Weise.*

Wenn Sie sich auf etwas Bestimmtes konzentrieren, von dem Sie träumen möchten, dann ist eine ruhige Umgebung sehr förderlich. Manche Systeme, die wir kennengelernt haben, stellen demjenigen, der kreativ zu träumen beabsichtigt, einen ruhigen Ort zur Verfügung – Träumer der Antike hatten ihre schönen Tempel, die indianischen Träumer zogen sich an einen einsamen Platz zurück, und die wachbewußt träumenden Yogis erzeugen in ihrem eigenen Innern eine friedliche Stille. *Sorgen Sie, wenn immer möglich, für einen stillen Ort.*

In allen Systemen wird entweder direkt oder indirekt so vorgegangen, daß man sich *für ein Thema entscheidet, von dem man träumen möchte, es ganz klar umreißt und sich fest vornimmt, davon zu träumen.* Möchten Sie beispielsweise das Senoi-System anwenden, so wird es Ihnen bei der Trauminduzierung helfen, wenn Sie das Kapitel über die Senoi nochmals lesen, die betreffenden Regeln überdenken, davon sprechen und sich fest vornehmen, in der Art der Senoi zu träumen. »Eine Sache zu denken, heißt davon zu träumen«. *Wählen Sie das Thema für Ihre Träume sorgfältig aus.*

Es ist für den Erfolg nicht ausschlaggebend, das gewählte Thema in einem prägnanten Satz zu formulieren, wie etwa: »Heute nacht fliege ich im Traum. Heute nacht fliege ich. Heute nacht fliege ich.« Nicht alle Systeme verwenden diesen Schritt, doch mag er nützlich sein. *Möchten Sie nach dieser Methode vorgehen, dann wiederholen Sie Ihren Satz mehrmals am Tage, und unmittelbar vor dem Einschlafen, wenn Sie sich tief entspannt haben. Stellen Sie sich dabei vor, Ihr gewünschter Traum sei schon eingetreten.*

Das sind alles *vorbereitende* Maßnahmen, die Ihnen helfen sollen, sich *während* des Traumes an Ihre Absichten zu erinnern. Je mehr Sie tagsüber daran denken, was Sie im Traum tun wollen, desto leichter tauchen die entsprechenden Gedanken in Ihren Träumen wieder auf. Überlegen Sie sich immer wieder die Tatsache, daß Träume nicht dasselbe sind wie das wache Leben und Sie in ihnen von nichts und niemandem verletzt werden können, bis Sie sich sogar mitten in einem Traum daran erinnern. Wenn Sie bestimmte Stichworte benutzen, die Ihnen helfen sollen, im Traum luzid zu werden, denken Sie intensiv über sie nach, bis es Ihnen gelingt, die betreffenden Worte während eines Traumes wieder zu erinnern. Denn dies ist der entscheidende Punkt: *Erinnern Sie sich während des Traumes daran, was Sie in ihm unternehmen wollen.* Haben Sie das einmal erreicht, dann ist es ein Leichtes, das entsprechende Vorhaben auszuführen.

Es ist sehr wichtig, während Ihres Traumzustandes sich daran zu erinnern, freundliche Bilder hervorzurufen, zumal alle besprochenen Systeme auf irgendeine Weise einen Traumzustand anstreben, der kooperativ ist: Träumer der Antike und indianische Träumer riefen hilfreiche Geister, die ihnen erscheinen sollten; Stevenson hatte seine »Heinzelmännchen«; die Senoi-Träumer verwandeln die feindlichen Traumgestalten in Traumfreunde oder bitten Traumfreunde, sie mögen ihnen zu Hilfe kommen; Don Juan bringt es zustande, diejenigen Traumbilder zu erschauen, die er sehen will; luzide Träumer verstehen es, ihnen wohlgesonnene Wesen erscheinen zu lassen; und die Yogis werden dazu angehalten, ihren Traumgestalten liebevoll zu begegnen und mit ihnen zu verschmelzen.

Achten Sie darauf, daß in Ihren Träumen wohlwollende Gestalten vorkommen. Schätzen Sie solche, die spontan erscheinen, und begegnen Sie ihnen mit Freundlichkeit. Wenn Sie Hilfe brauchen, rufen Sie nach ihnen, beziehen Sie alle in Ihre Gesamtpersönlichkeit ein.

Es ist außerordentlich wichtig, daß Sie sich im Traum immer daran erinnern, *keine Angst vor den Traumbildern zu haben.* Dieses Ziel läßt sich auf verschiedene Arten erreichen. Stevenson wurde furchtlos, indem er seine Traumgestalten für sich arbeiten ließ. Die Senoi stellen sich ihren Traumfeinden, bezwingen sie und verlangen von ihnen ein kreatives Geschenk; auf diese Weise überwinden sie gleichzeitig ihre Angst. Die Yogis beachten vor allem die Tatsache, daß der Traumzustand als solcher erkannt wird. Mit der Kontrolle über die verschiedenen Erscheinungsformen der Träume werden Sie sich bewußt, daß es überhaupt keinen Grund gibt, sich zu fürchten, weil Sie selbst bestimmen können, was in Ihren Träumen geschehen soll. Sie können Alpträume völlig ausschalten. Sie sind imstande Ihre Träume zu meistern und sich mit ihnen anzufreunden. Es ist leichter, in einem Traum furchtlos zu werden, wenn Sie sich bewußt sind, daß Sie träumen.

Luzid zu träumen und dabei das Gefühl zu haben, sich voll bewußt zu sein, ist eines der erregendsten Erlebnisse, die man haben kann. Das luzide Träumen läßt sich von einem kurzen Aufblitzen des Erkennens zu langandauernden Traumphasen ausdehnen, in denen Sie luzid bleiben und herrliche Abenteuer erleben. Wenn Sie gelernt haben, präluzide Momente zu erkennen, dann können Sie Ihr Traumerlebnis sofort prüfen und in den luziden Zustand hinüberwechseln. Angsterregende Traumereignisse, Unstimmigkeiten oder eine seltsame traumartige Stimmung machen Sie unter Umständen derart stutzig, daß Sie merken, wo Sie sind, nämlich in einem Traumzustand. Man lernt auch sehr schnell, unangenehmen Traumerfahrungen nicht durch Aufwachen zu entfliehen, sondern sie zu verändern. Bei der Aufrechterhaltung der Luzidität gilt es, in einem schwierig beizubehaltenden Gleichgewicht zu bleiben: man darf nicht zu emotional reagieren und auch nicht vergessen, daß man träumt. Es ist also auch möglich, wie die Yogis das Bewußtsein beim Einschlafen beizubehalten und auf diese Weise in den luziden Traumzustand hineinzugehen.

Nur zwei der besprochenen Systeme erfordern ein hohes Maß an Bewußtsein während des Traumzustandes: das der luziden Träumer und das der Yogis. Sie brauchen allerdings bereits ein *gewisses Maß* an Bewußtsein, um im Traum zu erkennen, daß Sie einer Gefahr nicht ausweichen sollten oder sich daran zu erinnern, daß Sie Ihre Hände betrachten wollten. In den anderen Systemen ist Luzidität unwichtig und vielleicht eher hinderlich. Auch ohne einen hohen Bewußtseinsgrad im Traum selbst zu haben, können Sie Ihre Träume gestalten, doch ist Ihnen das um so eher möglich, je bewußter Sie im Traumzustand sind. *Werden Sie sich Ihres Traumzustandes bewußt.*

Luzides Träumen läßt sich durch eine Steigerung der Flug-Träume entwickeln. Beide treten oft in derselben Nacht auf, wenn man bereits einige Stunden geschlafen hat. Nach meinen eigenen Untersuchungen ist es mit den Farben genau gleich: auch sie treten gegen Morgen häufiger auf. Vielleicht liegt dem eine gemeinsame chemische Ursache zu Grunde, oder die Hirnrinde ist in dieser Zeit stärker tätig, denn nach meinen Aufzeichnungen treten oft mehrere Arten von Traumkontrolle in derselben Nacht auf. Wie dem auch sei, es ist einfacher, sich nach mehreren Stunden Schlaf im Traum bewußt zu werden. Es kann sogar sein, daß Sie schon vor der eigentlichen Bewußtwerdung merken, wie Sie gewisse Einzelheiten des Traumgeschehens fortlaufend beeinflussen. Dieses Phänomen nenne ich »Traum-Komposition«.

Sobald Sie im Traum bewußt werden, stehen Ihnen unbegrenzte, unvergleichliche Traumabenteuer offen, und Sie haben die Möglichkeit, negative Traumgeschehnisse zu beenden. Erfreuliche Dinge geschehen im Traum auch ohne Ihre luzide Beteiligung – Sie sehen wunderbare Bilder, bekommen eine blendende Idee für die Neuorganisation Ihres Arbeitsplatzes, erleben leidenschaftliche Gefühle, beobachten fremde Tiere und Menschen oder fliegen in ein fernes Land. Aber mit der Luzidität werden alle diese Dinge noch vertausendfacht. Alles steht Ihnen offen, was Sie in den verschiedenen Systemen kennengelernt haben – und Sie können noch darüber hinausgehen. Sie sind ja voll bewußt. Ihre Auswahl ist unbegrenzt. Wollen Sie die Freuden des Fliegens auskosten? Wollen Sie bis zur Ekstase mit einem bestimmten Menschen in Liebe verschmelzen? Wollen Sie an einen fernen Ort reisen? Wollen Sie auf eine bestimmte Frage eine Antwort erhalten? Wollen Sie alle kreativen Quellen Ihres Wesens nutzen? All das können Sie im Traum tun, weil alles bereits schon in Ihnen vorhanden ist. *Werden Sie sich im Traum bewußt, und all das steht Ihnen offen – und noch viel mehr.*

Ihr Verhalten *nach* einem Traum ist ebenfalls sehr wichtig. Vergegenwärtigen Sie sich Ihren Traum, schreiben Sie ihn in der Gegenwartsform auf, so als würde er während des Schreibens noch einmal ablaufen, und geben Sie ihm eine dauerhafte Form. Arbeiten Sie mit Ihren Träumen – fragen Sie nach der Bedeutung, die sie für Sie haben. Beachten Sie vor allem ständig wiederkehrende und idiosynkratische (nur Ihnen persönlich zugehörige) Traumbilder. Alle

Systeme nutzen die wertvollen Informationen, die Sie aus dem Traumzustand erhalten. Bewahren Sie Ihre kreativen Traumgestaltungen wie einen Schatz auf, und bilden Sie diese Schöpfungen im Wachzustand nach, verwenden Sie die Bilder, lassen Sie Ihre Umgebung daran teilhaben. Besprechen Sie die Träume mit Ihren Freunden, aber schreiben Sie das Traumgeschehen auf jeden Fall auch auf. Und weil bei solchen Gelegenheiten sicher auch die Träume Ihrer Freunde besprochen werden, wäre es zu empfehlen, eine Gruppe kreativer Träumer zu bilden.

Die Entwicklung kreativer Träume braucht Zeit. Die hierfür notwendige Einstellung und die Ausbildung der entsprechenden Verhaltensweisen vor und nach dem Träumen erfordern Übung, bis es möglich ist, sich *während* des Träumens seiner Absichten bewußt zu werden. Kinder brauchten etwa *fünf Wochen*, bis ein selbstsuggerierter Traum auftrat. Einige benötigten nur zwei Wochen, ein paar weniger als vier, während ein Kind ganze sechs Monate aufbringen mußte. Es scheint sehr große individuelle Unterschiede im kreativen Träumen zu geben.

Hervey de Saint-Denys, ein französischer Marquis des 19. Jahrhunderts, der Sinologe war, hat seine Träume vom 13. bis zum 45. Lebensjahr (und wahrscheinlich noch länger) sorgfältig aufgeschrieben. Seine Erfahrungen beschrieb er in einem Buch, das 1867 unter dem Titel *Les rêves et les moyens de les diriger* (die Träume und die Mittel, wie sie zu lenken sind) in Paris herauskam. Zu dieser Zeit hatte er die Träume von 1946 Nächten in 22 Notizbüchern aufgeschrieben. Er sagt, seine Aufzeichnungen enthielten in den ersten sechs Wochen viele Lücken, doch von der 179. Nacht an habe er niemals geschlafen, ohne sich am nächsten Morgen nicht an einen Traum erinnern zu können. Seinen ersten luziden Traum erlebte er in der 214. Nacht. Sechs Monate später hatte er statt nur jede fünfte Nacht schon jede zweite Nacht einen luziden Traum. *Und nach 15 Monaten ständiger Traumaufzeichnung träumte er beinahe jede Nacht luzid.* Das ist nun wahrhaftig ein hoher Anteil an luziden Träumen, und wir können sicher vom Marquis d'Hervey de Saint-Denys viel lernen. Wenn ich die Übersetzung seines Werkes beendet habe, werde ich mehr über seine Ideen schreiben. Aber schon jetzt sehen wir, daß für die Traumkontrolle Zeit und Übung notwendig sind. Aber lassen Sie sich deswegen nicht entmutigen, die einen erlangen sie schneller, die anderen langsamer, sie kommt und geht schubartig – aber sie kommt auf jeden Fall. *Lassen Sie in Ihren Bemühungen nicht nach, denn Sie werden schließlich die Traumkontrolle erreichen.*

Die Tatsache, daß es möglich ist, während des Traumes bewußt zu werden und viele Geschehnisse in ihnen zu kontrollieren, wirft die Frage auf: Gibt es überhaupt so etwas wie ein »Unbewußtes«? Vielleicht sind Träume ganz einfach ein Teil des Kontinuums, das wir Leben nennen. Vielleicht gibt es überhaupt kein Unbewußtes, *sondern nur verschiedene Ebenen, in denen wir bewußt sind. Setzen Sie sich kreativ mit Ihren Träumen auseinander, so werden Sie sich auf jeder Ebene bewußter.*

Ihre Träume können zu Ihrer persönlichen inneren Werkstatt werden. Alle Systeme benutzen die Träume, um das Leben besser zu gestalten: die Träumer der Antike wurden geheilt oder erhielten einen Rat; die kreativen Träumer von früher hörten ein Violin-Concerto oder wurden zu einem Buch inspiriert; die Träumer der amerikanischen Indianerstämme wurden durch Träume zu ihrer Lebensaufgabe geführt und dabei unterstützt und bestätigt; die Senoi-Träumer teilen jeden Tag wieder aufs neue ihre kreativen Traumerzeugnisse mit den Stammesmitgliedern; Don Juan und einige luzide Träumer fühlen sich imstande, mittels ihrer Träume auf paranormale Art und Weise Informationen zu erlangen; und die wachbewußt träumenden Yogis erhoffen sich die Befreiung aus dem endlosen Kreislauf von Tod und Wiedergeburt. Viele haben in ihrem wachen Leben mehr Selbstvertrauen und Unabhängigkeit gewonnen, weil sie sich in den Träumen den Gefahren stellten und sie überwanden. Die erfolgreiche Bewältigung einer Schwierigkeit im Verlaufe eines Traumgeschehens überträgt sich in den Wachzustand des täglichen Lebens. Die kreative Art, sich mit seinen Träumen auseinanderzusetzen, hilft Ihnen, Ihre Persönlichkeit zu vervollkommnen. Hier zeigt sich die ganze Schönheit des kreativen Träumens: *Sie können das kreative Träumen für Ihre eigenen Ziele nutzen.*

Was immer Sie auch in Ihren Träumen tun wollen, Sie können es durchführen, vor allem wenn Sie im Traum luzid sind: Sie können forschen; Fertigkeiten einüben, mit denen Sie im wachen Leben Erfolg haben möchten und Angst und Furcht überwinden. Greifen Sie heraus, was Ihnen wichtig und nützlich erscheint. Planen Sie im voraus, oder wählen Sie während des Traumes, was *Sie* tun möchten. Im Traum ist alles möglich, und Sie entscheiden über die Verwirklichung Ihrer Wünsche. *Benutzen Sie Ihre Träume als Hilfe. Entscheiden Sie selbst, was für Sie wichtig ist, und träumen Sie darüber.*

Fassen wir noch einmal ein letztes Mal zusammen: Es fördert die Entfaltung der Traumkontrolle, wenn Sie gewissenhaft Tag für Tag den Inhalt Ihrer Träume in einem Traumtagebuch aufzeichnen und mit diesem vor und nach dem Träumen arbeitend von sich selbst lernen. Die wichtigsten Ziele, die Sie *während Ihrer Träume* anstreben sollten, sind die Gewinnung von Traumfreunden, die Beseitigung von Furcht vor Traumbildern und die Bewußtwerdung Ihres Traumzustandes. Damit schwindet auch der letzte Rest von Furcht, und Sie gewinnen viele Traumfreunde. Frei von Angst können Sie sich Ihre Träume in jeder gewünschten Art zunutze machen. Alles wird möglich. Sie sind wirklich frei, eine neue und bessere Persönlichkeit heranzubilden. Wenn Sie auch nicht träumen, um reich zu werden (obwohl das sogar möglich ist), so können Sie doch zuversichtlich träumen und glücklicher werden. Träumen Sie, um sich selbst zu entfalten! Träumen Sie, um zum Besten Ihrer Gesellschaft beizutragen! Vor allem aber träumen Sie,... um all die Wunder in Ihrem Inneren zu entdecken!

Leseempfehlungen

Folgende Werke seien für den Leser erwähnt, der sich mit der Materie eingehender beschäftigen möchte. Es handelt sich dabei um lieferbare Bücher (Stand: Frühjahr 1995).

James Hillman, Am Anfang war das Bild, München 1983.
J.-B. Pontalis, Die Macht der Anziehung, Frankfurt/M. 1992.
Erich Fromm, Märchen, Mythen, Träume, Reinbek 1981.
Michel Jouvet, Die Nachtseite des Bewußtseins, Reinbek 1994.
Leon L. Altman, Praxis der Traumdeutung, Frankfurt/M. 1992.
Edward C. Whitmont, Träume, eine Pforte zum Urgrund, Göttingen 1992.

Mit Sicherheit ließen sich noch viele weitere Bücher aufzählen, doch diese kleine Auswahl soll genügen, den Aspekt, unter dem das vorliegende Werk zusammengetragen wurde, zu vertiefen (siehe Einführung).

Bio-Bibliographie

Eugen Drewermann
geboren 1940, Theologe und Psychotherapeut, war Seelsorger und Privatdozent in Paderborn. Seit seiner Suspendierung vom Priesteramt ist er als freier Schriftsteller und Therapeut tätig. Seine Bücher haben eine Gesamtauflage von 1,5 Millionen erreicht. Zu seinen wichtigsten Werken zählen: Kleriker – Psychogramm eines Ideals (1990), Das Eigentliche ist unsichtbar (1984), Tiefenpsychologie und Exegese (1984), Der tödliche Fortschritt (1988), Strukturen des Bösen (1976), Glauben in Freiheit (1993).
Was machen die Menschen mit den Träumen?
(c) beim Autor

Anton Kiecle
Von der Antike bis zu Freud, Die moderne Deutung
aus: Die Träume
dt. v. Jutta Hein
(c) Wilhelm Heyne Verlag, München 1985

Ann Faraday
studierte Psychologie am University College, London. Nach mehreren Jahren in experimenteller Traumforschung ließ sie sich in Hypnotherapie, Freudscher und Jungscher Psychoanalyse und in Gestalttherapie ausbilden. Sie führt Experimente über die Möglichkeit der Bewußtseinserweiterung durch Träume durch.
Träume: Gedanken des Herzens; Die Traumtore aufschließen
aus: Deine Träume – Schlüssel zur Selbsterkenntnis
dt. v. Margaret Carroux,
(c) S. Fischer Verlag, Frankfurt a.M. 1978

Ella Freeman Sharpe
Die Autorin ist eine der berühmtesten Laienanalytikerinnen. Erst als Frau über Fünfzig kam sie zur Psychoanalyse. Ihre Grundtendenz ist, daß die Grammatik der Sprache mit der Grammatik der Traumarbeit übereinstimmt. Ab Mitte der dreißiger Jahre lehrte die Autorin in London Psychoanalyse. Obwohl ihr Text beinahe sechzig Jahre alt ist, hat er an Aktualität nicht eingebüßt.
Die Mechanismen der Traumbildung
aus: Traumanalyse, dt. v. Ulrike Stopfel,
(c) J. G. Cotta'sche Buchhandlung Nachfolger, Stuttgart 1984

Andrew da Passano
geboren 1905 in St. Petersburg, lebt in Kalifornien, Mitbegründer des Zentrums für Spirituelle Kultur in Mailand, Gründer des Zentrums für Initiatische Kultur in Mexico City, von 1961–1965 Professor an der Universität von Guadalajara. In Los Angeles gründete er den Tempel esoterischer Wissenschaft.
Träume
aus: Die Gabe der Stille
dt. v. Eluan Ghazal,
(c) Wilhelm Heyne Verlag, München 1992

Montague Ullman
führender Experte der Traumpsychologie und Psychoanalytiker. Von 1967–1974 psychiatrischer Direktor am Maimonides Medical Center.
Einführung in die Arbeit mit Träumen
aus: Montague Ullman/Nan Zimmerman
Mit Träumen arbeiten
dt. v. Christian Stephan u. H. O. Rieble
(c) J. G. Cotta'sche Buchhandlung, Stuttgart 1986

Patricia Garfield
lebt in San Francisco
Wie wir die Traumkontrolle entwickeln können
aus: Kreativ Träumen
dt. v. Dr. F. Walter u. Werner Zurfluh
(c) Ansata Verlag, Interlaken 1980